DAS BUCH VOM LEBENDIGEN GOTT

BÔ YIN RÂ

DAS BUCH VOM LEBENDIGEN GOTT

KOBERSCHE
VERLAGSBUCHHANDLUNG AG BERN

Bô Yin Râ ist der geistliche Name von
Joseph Anton Schneiderfranken

6. Auflage

Unveränderter Nachdruck der erweiterten Neuausgabe von 1927
Erste Auflagen Verlag der Weissen Bücher (Kurt Wolff)
Leipzig (1919), München 1922
© Kobersche Verlagsbuchhandlung AG, Bern
1927, 1957, 1971, 1981

Gebundene Ausgabe ISBN 3-85767-072-x
Broschierte Ausgabe ISBN 3-85767-073-8

Geleitwort

Es lese keiner dieses Buch, der fromm und gläubig ist!

Es lese keiner dieses Buch, der nie an Gott gezweifelt hat!

Dieses Buch ist geschrieben für solche Menschen, die in harten inneren Kämpfen ihren Gott erringen wollten, aber ihn nicht fanden...

Dieses Buch ist geschrieben für Alle, die in den Dornen der Zweifel hängen...

Diesen wird es helfen!

Diesen wird es ein Wegzeiger sein!

Uralte Weisheit ist es, die ich hier verkünde.

Die Wenigen, die jeweils sie empfinden konnten, hielten sie seit alter Zeit geheim.

Nur selten, nur zu gewählter Stunde und nur in dunklen Symbolen durfte in früheren Tagen der Welt davon gesprochen werden.

Nun aber ist die Zeit gekommen, deutlicher davon zu reden, nachdem durch Unberufene verzerrte Bilder dieser Weisheit in der Welt verbreitet wurden und verbreitet werden.

Im „innersten Osten" wurde beschlossen, den lange und sorglichst vor profanen Augen gehüteten, „heiligen Schrein" nun den Menschen des Westens zu öffnen.

Der ihn hier öffnet, ist dazu ermächtigt.

Noch aber verlangt man strenge Prüfung von den Suchenden, und keiner kann den Tempel betreten, wenn er nicht vorher die Prüfung besteht. —

So läßt sich denn vorerst nur aus der Ferne zeigen, was der Würdige dereinst erfassen und begreifen soll...

Was sich von den Geheimnissen des Tempels sagen läßt, will ich euch sagen!

Wollt ihr sie ergründen, dann müßt ihr Sorge tragen, sie im eigenen Innern zu erleben!

Sie offenbaren sich wahrlich nur dem, der mit allen Kräften sich ihr Erfassen erringt! —

Mit dem „Lesen" meiner Worte werdet ihr wenig errungen haben...

Was hier Wort wird, muß willige Herzen finden: — Herzen, die es aufzunehmen und in sich zu behalten wissen, sonst ist es vergeblich Wort geworden! — —

Keiner aber kann etwa ein Urteil fällen über Wert oder Unwert des Vernommenen, bevor er sich der vielverlangenden Prüfung unterzog, die ihm geboten ist, wenn er den Tempel selbst betreten will. —

Nur denen, die im Innern dieses Tempels sind, ist hier die Urteilsbildung möglich!

Ich kann hier nur von außen zeigen, was sich dereinst im Innersten des also Belehrten offenbaren soll.

Damit es sich offenbare, ist ein lange dauernder, hoher Wille vonnöten, und nur wer diesen Willen in sich erzwingt, darf auf Bestätigung meiner Worte in sich selber hoffen.

Er findet den Weg zu seinem lebendigen Gott!

Er findet in sich selbst das Reich des Geistes und seine hohen Gewalten!

Sein Gott wird in ihm selbst „geboren" werden!

Es liegt mir ferne, „Beweise" zu führen.

Ob meine Worte Wahrheit künden, müßt ihr selbst erproben!

Nur in euch selbst wohnt jener stille Richter, der euch bekräftigt, was mein Wort in euch erregt...

Meine Beweise könntet ihr nicht verstehen, denn ihr seid nicht die Wege gegangen, die ich einst mühevoll durchwandern mußte! —

Hier gibt es auch keine „allgemein gültigen" Beweise!

Hier findet ein jeder den für ihn bündigen Beweis nur in sich selbst! — — —

Ich gebe euch auch keine „Wissenschaft" und verkünde euch keinen „Glauben".

Ich zeige euch nur was sich zeigen läßt, von der Weisheit des „innersten Ostens", vom hohen Geheimnis des Tempels der Ewigkeit!

Möge euch mein Wort ermuntern zum endlichen Erwachen zu euch selbst, denn noch weiß keiner aus euch, — wer er ist!
— — —

Segen und Kraft aber werde allen, die guten Willens und starken Wollens sind!

„Die Hütte Gottes bei den Menschen"

Es kam eine stille Kunde schon in alten Zeiten einst von Sonnenaufgang her nach dem Abendlande und stellte in der Bilderweise frommen Christenglaubens eine wundersame, geistverbundene Gemeinschaft wissend Wirkender vor Augen, — die Menschen des Abendlandes aber wußten nicht zu deuten, was sie solcherart erreichte. — —

Der Sage Schleier wob sich um den „heiligen Gral" und seine hehre „Ritterschaft"..

Ein trosterfülltes Wissen ging in dunkler Mythe unter, — wurde frommer Dichtung sagenhafter Hintergrund. —

Da geschah es jedoch in unseren Tagen, daß in phantastisch aufgeputzten Berichten abenteuerlicher Mystagogen vor aller Welt gesprochen wurde von verborgen lebenden Geheimniskundigen im inneren Orient, obwohl die Mär wider Willen zugleich bezeugte, daß ihre Künder zwar vom Dasein der Verborgenen erfahren, aber keinen je gesehen hatten, — ansonsten man niemals hätte vermeinen können, gewisse Wunderfakire und seltsame Heilige denen man begegnet war, seien Glieder jenes geistigen Kreises...

Weil aber im Nichtbewußten vieler Seelen letzte dunkle Ahnung sich erhalten hat von einer möglichen geistigen Verbundenheit mit einem irgendwo auf dieser Erde noch verborgenen, gottesgeisterfüllten Heiligtum, so fanden sich bald zum Glauben Geneigte, die solche Verbindung zu erlangen hofften.

Leider suchten sie auf falschen Wegen, und auf diesen Irrtumswegen suchen sie noch jetzt. — —

Aus Wissensbrocken die am Wege lagen, türmten sie ein wunderliches Scheinwerk auf und nannten es die „Wissenschaft" vom Geiste, — ahnungslos dem Wahn verfallen, daß wahres Wissen um den Geist der Ewigkeit erlernbar sei wie irdische Verstandeswissenschaft.

Sie leben als Asketen, um sich, wie sie meinen, zu „vergeistigen", — versenken sich in mitternächtigdunkle Giftmoraste einer „Mystik" die aus der Fieberatmosphäre tropischheißer Dschungel stammt, — spüren allenthalben leidenschaftbetört nach alten oder neuen Anweisungen um „okkulte Kräfte" zu erlangen, — und glauben, daß sie sich auf solche Weise Jenen nähern könnten, die für alles dieses nur ein mitleidsvolles Lächeln, voll Verzeihung und Verstehen, übrig haben. — —

Keiner mag die Felsensteige betreten, die zu den im Sonnenlichte strahlenden Firnen des „großen Gebirges" führen, und alle laufen dahin auf breiten, staubigen Straßen, nach den längst entweihten Wallfahrtszielen dumpfer Täler...

Viele träumten sich schon auf dem Wege zu den nüchternklaren Lenkern im Reiche der Seele, und nun durchsuchen sie die Wälder, um — einen „Heiligen" zu entdecken...

Andere wieder glauben, die religiösen Lehren östlicher Völker seien identisch mit der Weisheit jener stillen und verborgenen Lenker...

So sagen sie sich denn mit Recht:

„Auch bei uns hat es in alten Zeiten Seher und Weise gegeben, auch wir haben unsere heiligen Bücher aus der fernen Vorzeit!

Das Göttliche aber ist allerorten gleich!

Weshalb nur sollten wir, des Westens Söhne, nun unser Heil allein im Osten suchen?! —"

Sie reden wahr, — denn, wenn es sich allein um Jenes handeln würde, was man allerorten, frommen Herzens, in sich fühlen lernen kann, — wenn es hier nur um jene Lehren aus der Vorzeit ginge, die im Morgenlande noch die Glaubensvorstellungen mitbestimmen, — dann fände jeder Suchende Befriedung aus sich selbst und in den weisen Lehren die ihm seines Volkes Seher und Verkünder hinterlassen haben.

Aber Weisheit und Wirken jener stillen Lenker haben nur weniges zu tun mit den Lehren der östlichen Völker, und die verborgenen geistigen Helfer führen weiter, als nur zu jenen Himmeln, die jede Zeit als Ausdruck ihres frommen Sehnens sich erschuf. —

Die Hüter des Urzeiterbes aller Menschheit sind die mächtigsten Schützer alles Geistigen im Menschen, und sind zugleich des Erdenmenschen wahrhaftigste Freunde, voll Verstehen und voll Rat. —

Seit den ältesten Zeiten haben sie Brüder entsandt, nach allen Ländern der Erde, um geistige Strahlungspunkte zu bilden, wo sie vonnöten waren.

Aus allen Völkern haben sie im Laufe der Zeiten sich ihre geistigen Söhne und Brüder erwählt, wie geistiges Gesetz sie wählen hieß.

Allen aber, die sie so erwählten, wurde eine Stätte mitten in Asien zur geistigen Heimat, zu der den Zutritt keiner findet, der etwa kommen möchte, ohne geladen zu sein.

Die wenigen, die dort seit Urzeittagen schon zusammen leben, kommen niemals sichtbar in die Welt des äußeren Getriebes.

Dazu verordnen sie nur jene ihrer geistigen Söhne und Brüder, die geistiges Gesetz zu „Wirkenden" bestimmte.

Sie selbst sind lediglich die treuen Hüter eines geistigen Schatzes, den der Erdenmensch einst vor dem Falle in die Welt der physischen Materie besaß.

Sie schaffen jene Macht, aus der die Wirkenden zum Wohl der Erdenmenschheit handeln.

Ist es nicht äußerste Torheit, zu glauben, diese hohen Lenker seien „Buddhisten" oder „Brahmanen", — „Lamas", „Pundits", oder gar „Fakire"!?! —

Man glaube aber auch nicht, man habe es hier etwa mit „Gelehrten" einer okkulten, sogenannten „Wissenschaft" zu tun!

Was solcherart vermutet wird, ist alles arger Irrtum!

Die Leuchtenden des Urlichts sind vor allem „Schaffende".

Die „Aeltesten" oder die „Väter" haben den „Durst nach Wissen" nie gekannt und konnten ihn nicht kennenlernen...

Ihre „Söhne" im Geiste und ihre „Brüder" zugleich, aber haben alles „Wissenwollen" längst verlernt.

Sie wollen alle auch gewiß nicht etwa die Welt zu den Lehren morgenländischer Mystik und Philosophie bekehren.

Ihnen allen ist es gleich, ob du an die Bibel „glaubst", an den Koran, die Veden, oder an Buddhas Lehren.

Wohl aber finden sie in allen diesen Glaubenskreisen immer wieder Menschen, denen sie Helfer und geistige Führer zu sein vermögen, auch wenn die Beschützten und Beratenen oft keinerlei Bewußtwerden der hier nötigen Vorgänge in sich erleben...

Die Leuchtenden des Urlichts wollen dir nicht Glaubenslehren geben, sondern dir die „Brücken" bauen, die dich, den tierverhafteten Menschen dieser Erde, — mit dem substantiellen Geistesreiche verbinden.

Sie stehen aber ferne jenen Lehren, die den Menschen in Ekstase peitschen wollen, damit er dann, — der Sinne nicht mehr mächtig, — Macht zu haben wähne, das Göttliche zu sich herabzuziehen. —

Sie wissen wahrlich auch, daß man im Denken niemals das erkennen kann, was allen Denkens Vorbedingung ist und über allem Denken lebt. —

Sie lächeln, hören sie von jenen, die sich selber für verkappte Götter halten.

Sie werden aber jedem unsichtbar zur Seite stehen, der seinen Gott in sich empfangen will. —

Sie sind die wahren Hohenpriester, die den Kelch des Segens jedem Pilger reichen, der aus der tiefsten Inbrunst seines Herzens Gott in sich verlangt. — — —

Siehst du nicht ein, daß es sich hier um anderes handelt, als jene sonderbaren, vorgeblichen Wissenden „okkulter Wissenschaft", von denen dort geredet wird, wo man aus aller Völker mystisch dunkler Lehre ein Ragout sich zubereitet hat, und diese Speise „Gottesweisheit", — „Theo-sophia" benennt?! — —

Du wirst mit solcher „Gottesweisheit" armer Irrender und Selbstbetörter, mit allem „Üben", Meditieren, Fasten, — bei aller Reinheit deiner Taten und Gedanken, — mit einem Wissen über Dinge die man nicht zu wissen braucht, — noch nicht um eines Haares Breite jenem Ziele näherkommen, das du durch deines Herzens tiefstes Fühlen als das Hochziel aller deiner Wünsche ahnen kannst! — —

Du wirst vielleicht ein Narr, vielleicht für dich und andere ein „Heiliger", — doch niemals kommst du so zu deinem Gott!

Wenn du nur finden willst, was jederzeit du ohne Geisteshilfe in dir selber finden kannst, dann brauchst du wahrlich deine Blicke nicht zum „hohen Osten" hinzuwenden!

Die von dort aus dich leiten, — auch wenn sie mit dir im gleichen Lande leben mögen, oder gar im selben Hause, — die haben anderes zu geben! —

Sie können in dir etwas schaffen, das du nicht selber in dir schaffen kannst...

Etwas, das in dir Wurzel faßt, und dem du Nahrung wirst...

Etwas, das du noch nicht hast und niemals aus dir selber haben könntest! — —

Auch die Leuchtenden des Urlichtes haben es gewiß nicht aus sich selber. —

Sie geben dir nur wieder, was einst dein eigen war, bevor du es durch deinen Drang in diese Welt der physischen Materie verlieren mußtest. — —

Die „Ältesten" der Brüder haben es niemals verloren, da sie dem tiefen Fall in dieses Menschentier der Erde nie verfallen sind...

Sie kennen nicht den Tod, und leben, so wie vor Jahrtausenden, auf dieser Erde hier in unzerstörbarer Gestaltung aus den Kräften reinster Geistsubstanz.

Sie waren nie mit einem Körper, dem der Tiere gleich, vereint wie du und ich.

Sie aber schufen sich in Menschen die voreinst gefallen waren und zu ihrer Zeit dem Tiere dieser Erde sich vereinen mußten, auf geistigen Planen ihre „Brüder", damit diese, dann in die Erdenwelt geboren, wirken konnten, was allhier nur dann zu wirken ist, wenn man im Erdentiereskörper lebt...

So bereiten sie auch heute zukünftige „Brüder" für eine kommende Zeit.

Der Ort ihres Wirkens auf dieser Erde aber ist seit der Urzeit, als die ersten Tiermenschen Träger des Geistmenschen wurden, — dort, wo das höchste Gebirge der Erde sich erhebt, — unzugänglich jedem, den sie nicht geistig selbst in ihre Mitte führen.

Hier ist in Wahrheit „die Hütte Gottes bei den Menschen" dieser Erde!

Hier reicht das Reich des Geistes, durch die Kräfte reinster Geistsubstanz, herein in dieser Erde physisches Geschehen!

Von hier aus gehen Strahlen reinster Geistsubstanz zu allen, die auf dieser Erde wohnen! —

Ich sehe aber nur allzuviele Menschen dieser Erde noch vergeblich nach dem Geiste suchen, da sie auf falschen Wegen schreiten.

Ich kann diese Vielen nur zur Umkehr mahnen, denn das wirkende Licht aus dem

„innersten Osten" dürfte sie schwerlich erfüllen können, wenn ihre Augen weiter geblendet bleiben von den mancherlei Lichtern aus allen Zeiten, — den Leuchtern und Nachtfackeln, mit denen der in Tierheit gefallene Mensch sich selbst seinen Weg zu erhellen suchte. —

Wahrlich, nur wer ungeirrt durch das Lichtergefunkel der Erde nach „Osten" blickt, der findet auf hohen Bergen lebendiges Licht!

Wer es gefunden hat, dem wird es leuchten auf seinem Wege, bis er sein Ziel erreicht, — — bis er sein Ziel erreicht! —

Die „Weiße Loge"

Mit dem Namen „Weiße Loge" hat man den Kreis der geistigen Helfer im allgemeinen Sprachgebrauch zu bezeichnen versucht, und somit sei diese Bezeichnung auch hier beibehalten, trotzdem die so Benannten sie nur gelten lassen, aber keineswegs sich selber also nennen.

Ihre völlige Abschließung von der äußeren Alltagswelt mag zu rechtfertigen scheinen, daß man den Begriff der „Loge", aus der Freimaurerei her bekannt, auf ihre rein geistige Gemeinschaft übertrug.

Es handelt sich hier um die eigenartigste Vereinung auf diesem Planeten, und es findet sich unter Menschen keine wie immer geartete Gemeinschaftsform, die Vergleichsmöglichkeiten, und sei es auch nur im übertragenen Sinne, zu bieten hätte.

Die Glieder dieser Ver-einung kommen sich nur in den allerseltensten und wichtigsten Fällen äußerlich, körperlich, nahe und sie schreiben sich auch fast niemals Briefe.

Dennoch stehen sie in unausgesetzter, geistiger Verbindung, in stetem Austausch der Gedanken, ja in absoluter seelischer Gemeinsamkeit....

Diese Vereinung besitzt keine äußeren Gesetze.

Ein jedes ihrer Glieder ist dem anderen gleichgestellt, und doch kennt jedes Glied seine ihm vorbehaltene Stelle, bedingt durch die Verschiedenheit der geistigen Sonderart des Einzelnen.

Alle aber unterordnen sich freiwillig einem gemeinsamen geistigen „Oberhaupte".

Dieses „Oberhaupt" wird nicht „gewählt" und nicht „ernannt", und doch wird niemals eines der Glieder der Vereinung im Zweifel sein, wer dieses „Oberhaupt" sei. —

Die „Aufnahme" in diese Gemeinschaft kann weder rechtmäßig erworben, noch erschlichen oder erzwungen werden.

Verborgene geistige Gesetze und durch sie bewirkte besondere Anlage der menschlichen Natur geben allein den Ausschlag, ob ein Mensch zur „Aufnahme" bestimmt ist, und keine Macht der Welt kann in solchem Falle seine „Aufnahme" verhindern.

Die Aufgenommenen aber verpflichtet kein Gelübde, kein Versprechen...

Sie selbst sind sich Gesetz und Norm!

An keinen äußeren Zeichen, keiner gemeinsamen Besonderheit der Lebensweise sind die Glieder dieser geistigen Gemeinschaft zu erkennen.

Sie selbst aber, mögen sie auch von Angesicht sich völlig fremd sein, erkennen einander, — und zwar ohne „Zeichen, Wort und Griff", — sobald es nötig wird, einander auch im äußeren Leben zu begegnen.

Ihrer ganzen Art nach muß diese Vereinung als solche der Außenwelt verborgen bleiben, und doch stehen viele Einzelne und selbst ganze Völker zuweilen unter ihrem geistigen Einfluß...

Kein Weg des Aufstiegs zu höheren, übermateriellen Zielen wurde je betreten, ohne daß eines der Glieder der Vereinung, oder diese als Ganzes, die unwahrnehmbare Führung übernommen hätte. — —

In den allermeisten Fällen wissen und ahnen die geistig Beratenen nichts von diesem unsichtbaren Ein-fluß, dem sie ihr Bestes danken.

Wo aber Spuren geistigen Erwachtseins sich finden, dort wird der Einfluß geistiger Hilfe wohl gefühlt, — doch wird er fast immer, sei es aus Unkenntnis oder bewegt durch abergläubische Vorstellungen, auf überweltliche Mächte zurückgeführt...

Die poetische Vorstellungswelt aller Zeiten und Völker dankt solchem irrigen Deuten immerhin eine Fülle ihrer Gestalten. —

Der Aberglaube war noch immer ein Freund der Dichter, denn die nackte Wahrheit ist zu streng und einfach, als daß sie sich bereit finden könnte, sich mit den üppigen Draperien der Phantasie des Poeten umkleiden zu lassen.

Nicht minder wurde irriges Deuten gefühlter geistiger Hilfe, die aus dem stillen

Kreise der „älteren Brüder" auf Erden kam, Anlaß zur Bereicherung religiöser Sagenwelt. —

Von Zeit zu Zeit aber wurde Einzelnen das Dasein und Wirken der unsichtbaren und doch an reale Erdenmenschen gebundenen Gemeinschaft bewußt, — doch Andere verschütteten die aufgezeigten Spuren wieder mit Zweifeln aller Art, so daß zuletzt nur das Raunen der Sage da und dort bezeugte, daß man vor Zeiten wohl einmal mehr von diesen Dingen wußte, — daß manche Menschen hier Bedeutsames erfahren haben mußten...

In unseren Tagen erhielten dann allzu schwärmerisch veranlagte Seelen Kunde von dem Dasein der Gemeinschaft, aber deren einfaches geistiges Sein und Wirken genügte der farbenreichen Einbildungskraft dieser Enthusiasmierten so wenig, daß sie es für nötig hielten, ihre Berichte mit seltsamster Zutat zu schmücken, und die „älteren" (— weil geistig älteren —) Brüder der Menschheit zu Halbgöttern, oder mindestens großen Zauberern, herauszuputzen, die alles, was moderne Wissenschaft erst zu ergründen sucht, „längst wissen" sollten, und gar freigebig mit allen Wunderkräften ausgestattet wurden, von denen je exotische Märchendichter träumten.

Man hat offenbar hier in guter Absicht gefehlt und wollte den Zweck die Mittel heiligen lassen, indem man die erahnten Unzugänglichen hoch über alles Menschentum hinaufzusteigern suchte, wobei man sich bestätigt sah, durch recht geschmacklose Fakirwunder, die man denen, die sie verübten, gläubig als Beweis ihrer Zugehörigkeit zur „Weißen Loge" anrechnete...

Die aber mit diesem Namen gemeint sein sollten: — die wahren Leuchtenden des Urlichts, — die Priester des Tempels der Ewigkeit auf dieser Erde, —

lehnen freilich allen phantastischen Aufputz mit unerbittlicher Entschiedenheit ab.

Sie wissen, daß sie Menschen gleich anderen Menschen sind, nur durch ein höheres geistiges „Alter" befähigt, ihre Stellung im Stufenbau der geistigen Hierarchie auszufüllen und ihren Mitmenschen Geisteskräfte zuzuleiten, deren Lenker sie sind, — nicht deren Erzeuger!

Die Wirklichkeit zeigt aber trotzdem ein weitaus würdigeres, weitaus erhabeneres Bild, als es die farbenlüsternste Phantasie sich jemals ausmalen könnte....

Das stille Wirken der Glieder der Vereinung umfaßt alle Gebiete geistiger Entwicklung in der Menschheit.

Durch ihre Hände laufen Fäden, die oftmals bei den Äußerungen höchster menschlicher Schöpferkraft, höchster menschlicher Machtentfaltung enden...

Sie versetzen wirklich Berge ohne ein Glied eines Fingers zu rühren, denn ihr Wille, durch reinste Geisteserkenntnis geleitet und völlig von allem persönlichen Wünschen gereinigt, steht hinter so manchem Willen, der andere Gehirne und Hände benutzt und bewegt! —

Für Fakirkünste aber ist im Wirken der „älteren Brüder" der Menschheit wahrlich kein Raum!

Sie arbeiten lediglich auf rein geistige Weise an der Verwirklichung des unermeßlichen Entwicklungsplanes, den ein ewiges kosmisches Gesetz der Erdenmenschheit vorgezeichnet hat, und ihre Arbeit kennt kein persönliches Sonderinteresse, aber auch keine Bevorzugung Einzelner, auch wenn sie aus den idealsten Motiven heraus erfolgen könnte. —

Wer grobe „Wunder" sucht, der wird sie hier nicht finden!

Die tatsächlichen Geschehnisse im Wirken der „älteren Brüder" mögen zuweilen dennoch wahrhaft „wundersam" sein, aber je mehr sie solche Bezeichnung etwa verdienten, desto sicherer bleiben sie äußeren Augen verborgen. —

In den Einflußkreis dieses geistigen Wirkens aber tritt jeder Erdenmitmensch, dem es ernsthaft am Herzen liegt, seine in diesem Erdendasein höchstmögliche geistige Entfaltung zu erreichen.

Je reiner sein Wille ist, — je freier bereits von selbstsüchtigen Wünschen, — desto klarer wird Geistiges in ihn einfließen können, und desto stärker wird er diesen Ein-fluß ehestens in sich empfinden.

Unzählige empfinden ihn, ohne zu ahnen, woher er kommt...

Übersinnliche Erfahrung

Ein jeder Mensch kann zu gelegener Zeit, wenn gewisse übersinnliche Voraussetzungen gegeben sind und keine zu starken Widerstände in der physischen Welt bestehen, übersinnliche Erfahrungen machen.

Am besten dazu veranlagt sind die allereinfachsten Naturen und — die Künstler, sofern es sich bei diesen um ursprüngliche Begabungen, — echte Schöpferische, — wirkliche „Begabte des Herzens" handelt.

Das innere „Empfangen" einer schöpferischen Idee, — einer echt künstlerischen Vor-stellung, — ist an sich schon eine Art „übersinnlicher Erfahrung". —

Dennoch aber besteht ein himmelweiter Unterschied zwischen jeder Art künstlerischer „Inspiration", oder gelegentlicher höherer übersinnlicher Erfahrung, wie sie jeder Mensch erleben, und wie sie eine besonders geeignete Natur in stärkster Erlebensmöglichkeit kennen kann, und der Art des übersinnlichen Erfahrens die von den Wenigen geübt wird, denen das Erbgut des Geistesmenschen wahrlich mehr ist, als ein Gegenstand der Befriedigung des Wissenstriebes, — die es sich vielmehr nur darum anvertraut wissen, damit sie ihren „jüngeren" Brüdern von hohen Bergen her die Wegsignale geben können.

Ich rede hier nicht etwa von dem, was die Welt unter „Mystikern" versteht!

„Mystik" und die „Königliche Kunst" der wahren, im Reiche wesenhaften Geistes allein als solche gewürdigten „Eingeweihten", sind sehr verschiedene Dinge!

Dem Mystiker ergeht es ähnlich wie dem Künstler...

Ihm, wie jenem, wird „Inspiration" aus einer ihm unbekannten Sphäre, in die er niemals selbstbewußt und mit wachen Sinnen einzutreten vermag.

„Es" packt ihn, überwältigt ihn, und er wird Sprecher dieser unbekannten Kraft, oder er erlebt nur ihre Einwirkung im „wortelosen Schauen".

Dem im Reiche substantiellen Geistes „Geweihten", dem wahren „Eingeweihten der königlichen Kunst", dem Sohne und Bruder der „Leuchtenden des Urlichts", — — ergeht es sehr wesentlich anders!

Er lebt, bewußt seiner selbst, stets und ständig in den drei Welten, die sich in der Welt der Wirklichkeit vereinigt finden, als Welt der physischen Materie, Welt der übermateriellen, aber substantiellen Seelenkräfte, und Welt des substantiellen, reinen Geistes.

Er ist nie und nimmer in Ekstase, noch in irgendwelchen Zuständen der sogenannten „Trance", und er ist ferne allen mysteriösen Praktiken, denn niemals könnte er sonst dem Kreise seiner geistigen Brüder und hohen Väter zugehören.

Während er seine Erfahrungen in übersinnlichen Regionen sammelt, bleibt er in allen drei Welten seines Seins bewußt, und so ist denn auch sein Bewußtsein in dieser, allen Menschen im klaren Wachen gegenwärtigen, äußeren Sinnenwelt keinen Augenblick dabei auch nur im mindesten verdunkelt.

Sein Erkennen „äußerer" Dinge ist — im Gegenteil — erweitert und zu jener Klarheit erhoben, die seinen Blick ins Übersinnliche erfüllt...

Während er auf übersinnlichem Plane mit seinen geistigen Brüdern „spricht", —

und sie mit ihm „Besprechung" pflegen, —
ist er imstande, den geringsten Vorgang in
der ihn umgebenden materiellen Welt zugleich
nicht minder klar zu sehen und zu
empfinden, wie das, was allein mit Geistes-
Sinnen wahrgenommen werden kann.

Es tritt keine „Verengung", sondern vielmehr
eine fast unendliche Erweiterung des
Bewußtseins ein...

Vieles von dem, was in der Welt des
wesenhaften Geistes, die wieder unzählbare
„Welten" in sich umschließt, „gesprochen"
wird, kann niemals mit Worten einer
menschlichen Sprache bezeichnet werden, —
aber dennoch ist es klare „Sprache", in Rhythmus
und Form, voll Sinn und Wahrheit, so
daß es wohl möglich wäre, geeignete Worte
menschlicher Sprachen dafür zu finden, nicht
aber: — zugleich mit diesen Worten die geistige
Ein-sicht zu vermitteln, die alles im

substantiellen Geiste sogleich von allen Seiten her erkennen läßt. —

Das, was demnach in Worte einer menschlichen Sprache „übersetzt" werden darf, ist bestimmt durch die individuelle Sonderart des wirkenden Bruders, sowie durch die Zeit, in der er wirkt, den Kulturkreis, der ihn auf Erden umgibt.

Alles aber, was er mitteilen wird, entspricht unter allen Umständen stets der lautersten Wahrheit, — ist ungetrübte Eröffnung absoluter Wirklichkeit, wie sie allen „Eingeweihten der Königlichen Kunst" jederzeit gegenwärtig vor Augen steht, befreit von allen den unzähligen Täuschungsmöglichkeiten und Fehlerquellen des Forschens in der physisch-materiellen Welt. —

Für „Spekulationen" und philosophische Spitzfindigkeiten des menschlichen, erdgebundenen Denkens ist in den Welten der substantiellen Welt des Geistes kein Platz!

Es wird ja nicht, — wie im verstandesbedingten, irdischen Erkennens-Versuch, — eine „Wahrheit" aus der anderen „erschlossen"!

Alle Wahrheiten stehen im Reiche substantiellen, reinen Geistes als Wirklichkeiten vor dem Schauenden! — — —

Scheinbare „Widersprüche", wie sie die Unfähigkeit zur Nachprüfung so beflissen in den Bekundungen der wahren „Eingeweihten" aller Zeiten stets zu finden suchte, erklären sich schon allein durch die Art der übersinnlichen Anschauungsweise, die da alle Dinge stets von allen Seiten zugleich erkennen läßt, wobei der Verkündende jedoch bald die eine, bald die andere „Seite" allein zeigen muß, will er seinen, nicht auf gleiche Weise schauenden Mitmenschen einigermassen verstehbar werden, — — handelt es sich doch nur zu oft um Dinge, bei denen jeder Vergleich „auf beiden Seiten hinkt", da nichts Irdisches die Ähnlichkeitsentsprechung mit dem darzustellenden Substantiell-Geistigen aufweist. —

Die lokale Färbung der Redeweise, in der ein Bruder der „Leuchtenden des Urlichts" seine Bekundungen gibt, ist dagegen stets von seinem persönlichen Ermessen abhängig, wird durch Pietät gegenüber seinen früheren Lehrern, durch eigene Neigung, oder durch Gründe der formalen Gestaltung bestimmt.

Wenn auch das Herz Asiens noch heute, wie vor Jahrtausenden, die irdische Stätte des Tempels substantieller Geisteskräfte in sich birgt, so ist es doch keinem der Brüder, die diesen geistigen Mittelpunkt auf unserem Planeten als ihre wahre irdische Heimat betrachten, etwa geboten, sich in seiner Verkündigung der religiösen und philosophischen Begriffe des Orients zu bedienen.

Benutzt ein Glied dieses Kreises aber, als Mensch des Abendlandes, dennoch die

Redeweise der Völker des Sonnenaufgangs, so geschieht das aus freier Wahl, — aus Vorliebe für die Poesie des Orients, — aus Liebe zu gewissen Redebildern, die Geistiges besser vermitteln als abendländischer Sprachgebrauch, — und schließlich auch: um unvergeßbarem Erleben sein originales Kolorit zu belassen...

Auch der höchstentfaltete der wirkenden Brüder ist ein Mensch und seines Menschentums von Herzen froh, — nicht etwa frei von menschlicher Neigung, — kein dem Irdischen abgestorbener Asket, — — auch wenn so manche Fanatiker der Verneinung alles Erdenhaften dies keineswegs verstehen können, da sie des Bannes nicht mehr ledig werden, der sie an ihre, aus der Unter-Welt erhaltenen Glaubens-Lehren bindet...

Welcher liebend-fühlende Mensch aber würde nicht Neigung zeigen, von den Dingen seiner Liebe in jenen Formen gerne zu reden, in denen ihm vor Zeiten gütige Lehrer einst zum erstenmale davon sprachen!?

Leicht könnten jedoch die gleichen Dinge auch in völlig anderer lokaler Redeweise vorgebracht werden, ohne irgendwie an Wahrheit zu verlieren.

Gefährlich ist nur „Übersetzung" durch Unberufene. —

Es ist viel schwerer als sich mancher träumen lassen mag, etwa einen, in christlicher Gewandung einherschreitenden Satz eines wirklichen „Eingeweihten" unter einen indischen Turban zu bringen, oder in der Weise Chinas Gedachtes in europäische Denkform umzugießen! — —

Vielfach aber müssen Begriffe aus den Anschauungswelten der verschiedensten Völker sich vereinen, soll eine geistige Wahrheit, die abendländischem Denken ferneliegt, dennoch dem Abendländer erfaßbar werden. —

Möge sich kein Suchender je durch solche freie Verwendung der Darstellungsmittel etwa verleiten lassen, zu glauben, es sei der Verkündung Absicht, jene religiösen oder philosophischen Lehren zu propagieren, aus deren Begriffsschatz aufgenommen wurde, was sich brauchbar zeigte, zur Förderung der Erkenntnis urewiger Wirklichkeit! — —

Es ist bekannt, daß menschliche Gemeinschaften, die ihren Mitgliedern alltagsferne Ziele zeigen, den Gebrauch haben, innerhalb ihres Kreises den Alltagsnamen der Zugehörigen aufzugeben und ihnen „neue", andere Namen zu verleihen.

Woher dieser Gebrauch ursprünglich stammt, und daß er hinaufreicht bis in Urzeittage, dürfte aus dem Nachfolgenden deutlich werden...

Auch sei hier nicht ohne Grund erinnert an jene Worte der Genesis:

„Und es soll dein Name nicht fürder mehr Abram sein, sondern Abraham sollst du heißen..."

Desgleichen:

„Du sollst nicht mehr Jakob heißen, sondern Jisroel soll dein Name sein...

— — — — — — — — — — — — —

„Der Name" eines individuellen geistigen Wesens ist etwas durchaus Anderes als die von äußeren Umständen abgeleitete Bezeichnung, die Volksgebrauch und Landessprache dem Erdenmenschen zuteilt. —

Auch der Erdenmensch ist eine geistige Individualität, aber er kennt, mit sehr wenigen Ausnahmen, die zu jeder Zeit anzutreffen waren, „seinen Namen" noch nicht. —

Erst wenn er seiner substantiellen Geistigkeit bewußt geworden ist, weiß er auch „seinen Namen".

So ist der „Name" eines wirklichen, im Geiste „Eingeweihten", der früher oft sehr geheim gehalten wurde, da man fürchtete, ihn zu „entweihen", wenn er in aller Munde käme, denn auch wahrlich keine willkürliche Benennung, wie der „bürgerliche", sogenannte Name, der einem Wohnsitz der Ahnen, einem Beruf oder einer Eigenschaft ferner Vorfahren, und zuletzt noch der Willkür der Eltern seine Formung verdankt! —

Er wird dem „aufgenommenen" Sohne und Bruder zuteil durch die „Ältesten" der Brüder, und bezeichnet in der von den „Brüdern auf Erden" gebrauchten „Buchstaben-Sprache" jene Kräfte, die im geistigen Sein des Bruders zur Auswirkung kommen...

Seine „tragende" Kraft aber ruht in gewissen „Buchstaben", so daß sich der

Wirkende auch mit anderen Worten „nennen" könnte, sobald nur diese „Buchstaben", die seine „Kosmische Zahl", — seinen urgeistig-ewig vorhandenen, substantiell-geistigen „Namen" bilden, darin enthalten wären...

Es ist also immer noch eine, wenn auch an sich schon geheiligte Hülle um den „Namen" der ewigen Geistgeltung gebreitet, den keiner „aussprechen" kann, — auch wenn er die tragenden „Buchstaben" kennt, — außer dem Einen, der selber dieser „Name" ist... —

In seinem „Namen" ist der Bruder ein „Wort" im Urwort: — als des Urwortes Selbstaussprache in einer individuellen, ihrer selbst bewußten, substantiellen, geistigen Form...

— — — — — — — — — —

Von „wissenschaftlichen Forschungsmethoden" um Geistiges zu erforschen, weiß man in der Vereinung der „Brüder auf Erden" begreiflicherweise so wenig, wie bei ihren geistigen „Vätern", die nie aus dem Urlicht „gefallen" sind.

Die Weisheit des wirklichen Geistgeweihten besteht nicht in einer Ansammlung und steten Vermehrung dessen, was er auf irdische Verstandesweise „weiß", sondern im Besitz gewisser heiliger Kräfte, durch die er das Wissensobjekt jederzeit in Wirklichkeit, — „an sich", — erkennen kann.

Sein Ansammlungswissen, in weltlicher Weise gewonnen, ist durchaus unwesentlich für ihn und nur in den seltensten Fällen mit geistiger Weisheit vereinbar.

Je mehr er dergleichen besaß, desto schwerer wurde ihm voreinst, als er noch „Schüler" war, das Überwinden der kausalen Schwierigkeiten, das jeder berechtigten „Einweihung" vorangehen muß...

Man darf nicht nach „Gründen" fragen, wenn man diese „Schulung" bestehen will, die dem Berechtigten zuletzt die Pforte öffnet, die keine irdische Gelehrsamkeit ihm jemals öffnen könnte. — —

Der wirkliche „Eingeweihte" verkündet auch niemals ein Wissens- oder Glaubens- „System".

Ihm liegt die Wirklichkeit der Dinge in der geistigen Welt ausgebreitet vor Augen, und lehrend, redet er stets nur von dieser Wirklichkeit, die kein System des Denkens oder Glaubens je in sich einschließen könnte. —

Solche „Systeme" sind, soweit sie auf Dinge des geistigen Reiches übergreifen, immer nur sekundäre Gebilde anderer Gehirne, die sich der Bekundungen eines in Anschauung und durch Selbstverwandlung Wissenden bemächtigt haben.

Angebliche „Erforscher höherer Welten", die mit „wissenschaftlicher" Aufmachung ihrer „Forschungsergebnisse" prunken, darf man beileibe nicht etwa als geistig „Eingeweihte" werten!

Alle derartigen „Forscher" im „Okkulten" sind nichts anderes als betrogene Sklaven ihrer eigenen plastischen Phantasie, — einer äußerst verhängnisvollen und gefährlichen Kraft im Menschen, die, wenn sie zur Tätigkeit gewaltsam angeregt wird, ihr armes Opfer alles gestaltet sehen läßt, was es ihr selbst vorher in Gedanken, Wünschen und Befürchtungen, — oft unbewußt, — als Modell vorhielt. —

Auf diese Art sind alle die monströsen „Wanderungen auf höheren Ebenen" und Darstellungen „höherer Welten" entstanden, die so manchem „Geistesforscher" und „Geheimlehrer" unter seinen Anhängern den Ruf eines geheimnisvollen „Sehers" verschafft haben, wobei noch im Einzelnen zu untersuchen ist, was als bewußte Zutat und Ergänzung sich herausstellt, und meistens gar leicht erkennen läßt. —

Da diese Gebilde der „plastischen Phantasie" durch seelische Ansteckung leicht übertragbar sind, so glauben die Anhänger und Schüler solcher „Propheten" und Sektengründer, sie hätten sich geistig selbst von der Wahrheit der Offenbarungen ihres „großen Lehrers" überzeugt, so bald es ihm in der mysteriösen „Geheimschulung" gelang, seine eigenen Schöpfungen ins Bewußtsein der Schüler zu übertragen, — nicht viel anders, als wie jeder geschickte Hypnotiseur sein Experimentierobjekt alles sehen und erleben lassen kann, was etwa erwünscht erscheint. — —

Eine spätere Rettung solcher Getäuschten ist nahezu unmöglich.

Unzählige sind auf diese Weise zu gutgläubigen Selbstbetrügern, Unzählige zu hoffnungslos Betrogenen geworden!

Wenn ich von allen diesen Dingen hier, wo von den Möglichkeiten übersinnlicher Erfahrung die Rede ist, klar und deutlich spreche, so geschieht es deshalb, um jedem ehrlich Suchenden die Kriterien zu sicherem Urteil zu bieten.

Ich rede von Dingen, die keines Schleiers bedürfen, und muß zugleich reden von solchen Dingen, die entschleiert werden müssen, im Interesse der die Wahrheit als Wirklichkeit suchenden Seelen.

Mögen meine Worte nicht vergeblich gesprochen sein!

Möge man doch begreifen lernen, daß niemals einer der Menschen, die vollbewußt im substantiellen, reinen Geiste leben, die Weisheit des Lichtes, die er seinen Mitmenschen darstellt, durch „wissenschaftliche" Begründungsversuche entweihen kann. —

Was der im Geiste „Eingeweihte" lehrt, ist zur Prüfung durch Tat und Hingebung bestimmt!

Was er als Botschaft seinen „jüngeren" Brüdern, den Seelen der mit und nach ihm auf Erden lebenden Generationen, — mögen es Männer oder Frauen sein, — zu geben hat, soll nicht gedanklich zerspalten, sondern seelisch nacherlebt werden, damit die zahllosen Suchenden ihren Weg zum Geiste finden, — ihren Weg zur Wirklichkeit!

Der Weg

Alle großen Dinge verlangen Mut und Glauben! —

Ehedenn du „am Kreuze" hingest, kannst du nicht „auferstehen"! — —

Ehedenn du glauben wirst, kann dich die „leuchtende Wolke" nicht durch das „trockene" Meer geleiten!

Du hast gar vieles in dir zu überwinden, und mehr noch wirst du überwinden lernen müssen, willst du auf deinem Wege vorwärts schreiten...

Das Meer wird drohen, dich zu verschlingen, und die Wüste wird dir keine Nahrung geben, — dennoch darfst du nicht einen einzigen Augenblick in Zagen und Zweifel stehen bleiben, sobald du diesen Weg zu dir selbst und deinem Gott in dir einmal betreten haben wirst. —

Wie schwer das ist, wirst du erst sehen, wenn du auf diesem Wege bist!

Aber fürchte dich nicht!

Du bist auf diesem Wege nicht allein...

Alle jene geleiten dich, die vor dir diesen Weg beschritten haben!

Auch sie mußten durch alle Gefahren voreinst hindurch!

Nicht einem von ihnen wurde der Weg etwa leichter als dir!

Nun aber sind sie eingegangen zum „gelobten Lande"...

Nun haben sie der Mühen Ziel erreicht, und von „heiligen Bergen" her senden sie dir Hilfe und Kraft. — — —

Von jenen, die im höchsten Lichte ihres Gottes sonnenhaft erstrahlen, die göttergleich, als eine Einheit, eine Sonne aller Sonnen, allen Sonnen, allen Welten, leuchten, — — bis herab zu denen, die auf dieser Erde geistgestaltet leben, und endlich denen, die hier noch das Kleid des Erdentieres tragen, durchfließt ein Strom des substantiellen Geisteslichtes alle Weiten und einigt die von ihm Erfüllten zu erhabenster Gemeinsamkeit. — —

Auf der dir nächsten, tiefsten Sprosse dieser „Himmelsleiter" aber stehen jene Helfenden, die dir die Hand zur Hilfe bieten können, wenn du ihre Hilfe willst...

Sie lassen keinen je allein, der durch die Nacht des Grauens sich den Weg zu bahnen strebt, nach jenem friedevollen, stillen, hohen Tempel, darin sein Gott sich in ihm selbst — aus Licht zu Licht — „gebären" kann. —

Sie senden aber ihre Hilfe nicht etwa von außen her, denn tief in deinem Innersten sind sie mit dir verbunden, sobald du mutvoll deinen Weg beschreitest, — den gleichen Weg, den jeder, der zu seinem Gott fand, einst durchwandern mußte, und den auch sie, die dir nun helfen wollen, voreinst gehen mußten, obwohl ihr Geistiges schon durch Jahrtausende hindurch bereitet worden war zu klarster geistiger Erkenntnisfähigkeit. —

Wer nicht aus diesen einer ist, kann dir nicht helfen, auch wenn er Wunder über Wunder wirken könnte...

Es werden viele falsche Lehrer deine Straße kreuzen, — „Lehrer", die selbst sehr der Belehrung bedürften, — und viele stolze Sprecher werden dir mit ihrem „Wissen" prahlen.

Du wirst gar manchem selbstgerechten „Heiligen" begegnen, der sich in Eitelkeit verzehrt, und es für große Tat hält, andere zu seiner „Heiligkeit" und angemaßten „Würde" zu verführen.

Es werden dich die wunderlichsten „Hierophanten" schrecken, die jeden, der sich ihnen naht, zu blenden suchen durch die krausen, glitzernden und unheimlichen Zeichen, die sie selbst in wirrem Wahn, mit falschem Gold, auf ihre „Zaubermäntel" hefteten...

Wenn du der Vorsicht einmal nur entraten wirst, kannst du auch allzuleicht in mancherlei verborgene Garne laufen, und selten nur kommt einer, der sich fangen ließ, dann wieder heil aus solchen Vogelstellerschlingen...

Nur stete Achtsamkeit kann dich vor der Gefahr bewahren!

Sei auf der Hut vor allen denen, die ihre vorgebliche „Gottesweisheit" wie das Wissen um die Dinge dieser Erde lehrbar und erlangbar glauben!

Sei auf der Hut vor allen, die mit „Wunderkräften" deinen Sinn betören wollen!

Es gibt noch vieles, auch in dieser scheinbar „aufgeklärten" Zeit, was dir sehr „wundersam" erscheinen kann, und wahrlich sind im Menschen wahre Wunderkräfte tief verborgen, doch niemals kann der Geist der Ewigkeit sich selber so zur Frage werden, daß er sich durch „Wunder" zu „beweisen" suchen würde...

Zeigen wirklich sich an einem Menschen wundersame Kräfte, so ist dies nur Beweis dafür, daß diese Kräfte existieren, — niemals aber ein „Beweis", daß dieser Mensch im Geistigen „bewußt zu atmen" weiß, und von der Wahrheit, die in Wirklichkeit gegründet ist, gewisses Zeugnis bringen kann! — —

Solche Bezeugung läßt sich nur erprüfen durch das „Wunder" der Erkenntnis, das sie in der Seele wirkt, und nichts darf dir als Wahrheit gelten, was nicht in deinem Allerinnersten Bestätigung erfährt, sobald du die Voraussetzung erfüllt hast, die dich zur Erlangung der Bestätigung berechtigt. — —

Hüte dich auch vor jener Torheit, die da glaubt, durch die Besonderheit der Leibesnahrung oder irgend eine Fakirpraxis sei es möglich, sich in „höhere Geistigkeit" hinaufzuessen und hineinzuatmen!

Die Leuchtenden des Lichtes, das die Welten durchleuchtet, werden wahrlich niemals dir zu solchen Mitteln raten!

Sie werden auch niemals von dir fordern, daß du dich sonderst von deinen Nebenmenschen um dich geheimen, sinnbetörenden Zeremonien oder mysteriösen Gebräuchen — hinzugeben!

Sie werden dir niemals „geheime Grade", seltsame Titel oder „Würden" verleihen, durch die nur Eitelkeit genährt, und ein lächerlicher Dünkel in dir erzeugt werden könnte...

Nur was in dir Wirklichkeit wurde, da du es selbst dir er-wirktest, hat vor ihren Augen Geltung und bestimmt ihnen deine „Stufe"! —

Du wirst sie auch nicht mit Schauspielergesten auf Rednertribünen finden, und nicht auf den Märkten vor vielem Volke. —

Sie werden dir vielmehr ihre Hilfe nur in Worten geben, die du in der Stille bei dir erwägen kannst, — unbeirrt durch verfängliche Rednerkünste...

Sie werden dir helfen in innerem Wirken, und werden sich niemals zu zeigen suchen!

Es ist nicht nötig, daß du sie erkennst, wenn du ihnen etwa begegnest!

Es ist nicht nötig, daß du sie im Erdenkleide findest!

Sie finden dich und wissen dir zu helfen, auch wenn du nie die Helfer ahnen magst!

Sie wirken wahrlich mit anderen Mitteln als jene eitle Toren, die ihre Anhängerschar mit geheimnisvoller Geste und hohlen, tönenden Rednermätzchen zu ködern trachten. —

Sie werden auch niemals einen Tribut für ihre Belehrung und Führung fordern oder erwarten, und würden eher mit dir den letzten Heller teilen, als daß sie für ihre Hilfe von dir einen halben Heller nehmen würden.

Was sie an Geistigem zu geben haben, ist des Geistes Gut, und keiner derer, die es geben können, würde jemals Erdenwerte dafür tauschen wollen...

Nur „Arbeit", die des Leibes irdische Erhaltung vorbedingt, hat Anrecht, erdenhaften Gegenwert zu fordern.

Wer Augen hat, zu sehen, und Ohren, zu hören, der schütze sich selbst vor Gauklern und Usurpatoren!

Leicht wird er sie erkennen!

Die Leuchtenden des Urlichts aber sind schwerer zu finden.

Du wirst sie kaum entdecken unter anderen Menschen in dieser Erde Kleid, und nichts Absonderliches wird sie dir verraten, denn sie lieben die Stille und schätzen die Verborgenheit...

Sind sie gezwungen, in der lauten Welt zu leben, so werden sie gewiß von allen anderen Redlichen, die da ihr Erdenwerk betreiben, nicht zu unterscheiden sein!

Wohl dem, der ihnen vertraut! — —

Doch nun, o Suchender, wollen wir zusammen in die Stille gehen, und ich will dir den Anfang des „Weges" zeigen!

Sammle dich in dir selbst und höre mir zu, nachdem du nun gewiß bereitet bist, das was ich weiterhin dir jetzt zu sagen haben werde, wachen Sinnes zu verstehen!

— — — — — — — — — — — —

Zuerst, o Suchender, wirst du vieles vergessen müssen! — —

Man gab dir eine falsche Vorstellung von „Gott", und so erstickte man in dir mit eitler Lehre jenen Keim, aus dem in deiner tiefsten Seele heiligen Gewässern sich die „Lotosblüte" einst entfalten sollte, in der das Licht, das ewig dich erleuchten soll, „geboren" werden kann...

„Der Geist, der über den Wassern schwebte" erfüllt die unendlichen Räume, aber du kannst ihm nicht anders nahen, als nur — in dir! — — —

Nur wenn er in dir, — als dein Gott, — aus Licht zu Lichte sich gestaltet, wirst du von seinem stillen Walten Kunde geben können. —

Die seine Unendlichkeit ergründen wollen, irren sehr...

Sie glauben, Dem, den alle Weltenräume nicht umfassen können, in Vermessenheit zu nahen, und ahnen nicht, daß sie ein Zerrbild schufen, das sie nun beherrscht. —

Wir aber wollen nun in dich aufs Neue den Keim jener ewigen „Lotosblume" versenken...

Vielleicht — wird sie aus deinen Kräften nunmehr Nahrung finden! —

Wenn ihre Blüte dann entfaltet ist, wird sich der Geist, der aus sich selber sich erzeugend, aus sich selber lebt, in dich herniedersenken und als dein Gott in dir „geboren" werden, — — als dein in dir lebendiger Gott! — — —

Nicht eher weißt du von „Gott"!

Glaube jenen nicht, die dir von dem Gott ihrer Träume berichten: — von einem Gott, der sich in schwüler Ekstase finden läßt! —

Was so gefunden werden kann, ist nur eine „Fata-morgana" der inneren Welt!

Du kennst noch den Reichtum nicht, den deiner Seele Weiten in sich fassen! —

Hier gibt es „Kräfte" und „Mächte", denen du Anbetung darbringen würdest, gleich dem Propheten vor dem brennenden Busch, wenn ich sie dir sichtbarlich zeigen könnte. — — —

Deine Seele ist ein unermeßlicher Ozean, und noch keiner hat seine Tiefen, keiner die Wunder des Meeres der Seelenkräfte ergründet! — —

Du denkst an deine Seele wie an eine lichte Hülle, und glaubst allein dich selbst in ihr zu finden...

Doch deine Seele ist wie ein Meer aus Myriaden mit latenter Macht erfüllten Meerestropfen, — oder wie eine lebendige Wolke, gebildet aus Myriaden kraftenfüllter Wesen, — und du sollst aller dieser Wesen Herr und Meister werden. — —

Sobald sie in dir nicht ihren sicheren Herrscher erkennen, wirst du, betäubt von ihrer, dich beängstigenden Kraft, zu ihrem Sklaven werden. —

Sie müssen dir dienen, wenn du sie bemeistert hast, — aber sie werden dich durch die seltsamsten Gaukelspiele stets am Narrenseil führen, wenn du dich in falscher Demut vor ihnen beugst.

Sie brauchen einen starken Willen, um sich unter ihm zu einen ...

Bevor du sie nicht in einem Willen geeinigt hast, wirst du in deiner Seele nie die Ruhe finden, die allein das Erblühen der heiligen „Lotosblume" bewirken kann. — —

Nicht eher auch wirst du in dir, durch deiner Seele Kräfte, Kunde erlangen von jenem stillen Geister-Reiche, das nur durch deiner Seele willenseins geeinte Kräfte dir erkennbar, fühlbar, — ja zuweilen selbst erschaubar und erhörbar werden kann, — weil es in dir, wie allerorten, durch die gleichen Kräfte lebt...

Nicht eher auch wirst du von dem, der dich aus dem Geiste leitet, ein sicheres Zeichen erhalten, — nicht eher die hohen geistigen Lenker, des Urlichts Leuchtende, in dir erfühlen...

Darum strebe, o Suchender, vor allen Dingen danach, in dir einen festen, klaren Willen zu dir selbst zu gründen!

Du mußt dich selbst bejahen, wenn du im Geiste Bejahung durch den Geist erfahren willst!

Du findest dich, und in dir deinen Gott, allein in deinem „Ich"! — — —

Trachte mit heiterer Freude und in stiller Gelassenheit danach, dich in dir selbst voll Ruhe zu behaupten, und wende dein Auge ab von allen inneren Bildern, die dein aufgereizter, noch nicht selbstgeeinter Sinn dir zeigen möchte!

Du mußt in Freude und voll Vertrauen erst völlig zu dir selber kommen!

Bevor du in dir selber dich gerundet und von allen Seiten abgeschlossen hast, — wie ein Meer das sich selbst begrenzt, — wie eine Wolke, die sich selbst zu ballen weiß, — wirst du vergeblich deine Seele zu besitzen suchen, denn deiner Seele Kräfte geben sich nur dem zu eigen, der ihrer Ehrfurcht wahrhaft würdig ist...

Glaube aber nicht, daß du dieses Ziel jemals erreichen könntest, wenn du stets tatlos in äußerer Ruhe verharrst!

Du mußt als Mensch der Außenwelt, in die du nun einmal geboren bist, zu wirken trachten Tag für Tag, wie alle äußere Natur stets wirkt und immer neue Formen bildet, wenn du den Willen also in dir stählen lernen willst, daß deiner Seele Kräfte ihm gehorchen können! — —

Kein Ding der Außenwelt ist so gering, daß es dir nicht zum Lehrer werden könnte!

Aus jeglichem Erleben kannst du Lehre ziehen, und keine Tätigkeit ist so verächtlich, daß du nicht aus ihr zu lernen hättest! —

Vor allem aber mußt du deine flüchtigen Gedanken bannen lernen, und sie vermögen, sich auf einen Punkt jeweils zu sammeln. — —

Nicht die Einöde der Wüste, und nicht das Leben unter den wilden Tieren der Dschungel sind deinem Vorhaben etwa günstiger, als das Getriebe einer volkreichen Stadt, in der du tätig deinem Gewerbe obliegst! — — —

Wenn du auch im lautesten Lärm noch bei dir selber bleiben lerntest, wenn du in absoluter Sicherheit deinen Gedanken und deinem Willen in dir gebieten kannst, wenn deine Wünsche nur kommen und gehen, wie du selbst sie kommen und gehen heißt, — dann erst beginne den ersten Versuch, deiner Seele Kräfte in dir zu einen! — —

Du wirst auch dann noch mancherlei Widerstreben in dir finden...

Lange noch wirst du deinen nun gefestigten Willen dennoch vergeblich gebrauchen, um alle die widerstrebenden Kräfte deiner Seele unter ihn zu beugen. —

Jede einzelne Seelenkraft wird deinen Willen nur für sich selbst besitzen wollen, und keine wird sich willig deinem Willen als Besitztum geben...

Du wirst dies verstehen, wenn du dir klar zu machen weißt, daß jede deiner Seelenkräfte, — obwohl du sie alle als in dir verwobene „Eigen-schaften" betrachtest, — ein selbständiges Seelenwesen ist, begabt mit eigenem Willen und dem Drang, nur sich selbst zur Darstellung zu bringen, und sei es auch auf Kosten aller anderen Seelenkräfte. — — —

Du darfst nur niemals mutlos werden bei deinem oftmals noch vergeblichen Ringen um die Oberherrschaft deines eigenen Willens über die vielen Willen, die in deiner Seele nur sich selber wollen! —

Niemals darfst du dir selbst mißtrauen! —

Niemals darfst du die Freude deines Herzens und deine stille Gelassenheit verlieren! — —

All dein Ringen ist nur eine stete Probe deiner Geduld und deiner bereits erworbenen Kraft im eigenen Willen...

Wisse aber, daß du in solcher Art am Ende sicher einst zum Sieger werden wirst!

Ein Tag wird erscheinen, an dem du wahrlich die hohe Freude des Siegers glückerfüllt in dir erleben wirst!

Dann ist der Keim der „Lotosblume" aufgegangen, und in den heiligen Tempelteichen, die kein irdisches Auge je erblickt, wird das Geistesauge deines unsichtbaren Führers, — die Alten nannten ihn: deinen dich schützenden „Engel", — eine Knospe über der unbewegten, geheimnisreichen Wasserfläche erschauen ...

Er wird seine Gefährten rufen in heiliger Freude, und eine Schar erwählter Wächter wird von diesem Tage an die heiligen Wasser behüten.

Ein Wunder ist geschehen!

Ein Wunder, das ein Erdenmensch vollbrachte, — denn leichter ist es, einen wütenden Elephanten an einem dünnen Hanfseil durch das Gedränge des Marktes zu führen, als die vielen Willen der Seelen-Kräfte, die eines Menschen „Seele" bilden, unter den einen Willen dieses Menschen zu einen! — — —

Nun aber muß das gedämpfte Licht des Tages mit seinen weichen Strahlen die Knospe umfluten, damit sie sich einst zu voller, prangender Pracht der Blüte entfalten kann.

Hohe, hundertjährige Bäume umgeben den geheimnisreichen Tempelteich und schützen die zarte Knospe vor den brennenden Pfeilen der Sonne, die vorerst noch das kaum erstandene Gebilde alsbald versengen und vernichten müßten...

Hohe Tempelmauern halten den Glutwind aus der Wüste ab...

Nun, o Suchender, beginnt für dich eine neue Tätigkeit!

Doch dieses Tun will nun wirklich auch äußere Ruhe und stillste Versenkung.

Du wirst aber das, was du nun tun sollst, nach der Arbeit deines Tagewerks verrichten können, vielleicht ihm auch vorher die stillen Morgenstunden widmen...

Jetzt ist für dich die Zeit gekommen, da du leise und zart nach innen fragen und alsdann nach innen hören lernen sollst.

Du kannst nicht still genug dabei sein!

Was sich in dir verbirgt und bald enthüllen soll, wird nicht bei dem lauten Reden der Gedanken gefunden. — —

Es ist in deines Herzens Mitte, doch du vernimmst noch nicht sein Wort, denn seine Stimme ist sanft wie ferner Vogelruf...

Scheuche sein Wort nicht von dir!

Achte auf den leisesten Laut!

Du kannst sein Wort gar leicht in dir überhören, wenn du nicht Stille in dir zu erhalten weißt! —

Es antwortet dir im Anfang auf deine stillen Fragen so leise, daß selbst der zarteste Windhauch seine Stimme in dir verweht. — —

Eines Tages aber wirst du dann doch seine Stimme hören und von jeder anderen inneren Stimme unterscheiden lernen.

Nicht so, als ob von außen gesprochen würde, wirst du die Stimme vernehmen!

Auch nicht mit Worten deiner Landessprache wird sie zu dir sprechen, und nicht in irgend einer anderen Menschensprache dieser Erde! — —

Und doch wird das, was die Stimme dir zu sagen hat, dir weit verständlicher sein als alles, was du je, von Kindheit an, durch

Menschenmund, in Menschensprache, hörtest! — — —

Nun wirst du dieser Stimme folgen müssen...

All dein Weiterschreiten auf dem Pfade wird allein durch deine Treue vorbereitet.

Allmählich wirst du erkennen lernen, daß jetzt dein Wille dir nicht mehr nur nach der Weisung deiner erdenhaften Einsicht dient, sondern daß du ihn, ganz unvermerkt, bereits nach hoher Geistes-Unterweisung, — nach dem Willen jener „Stimme", — umzulenken weißt...

Tiefer und tiefer wirst du in das Geheimnis deiner Seele tauchen.

Je mehr du erkennen wirst, desto mehr wirst du noch im Verborgenen ahnen. — —

Dankbar und sorgsam verwahre auch das kleinste Erlebnis, das du im Seelischen erfährst, denn: — deine Dankbarkeit für Weniges wird dir am ehesten des Erlebens Fülle bringen! — — —

Du wirst zuletzt ein Reich der inneren Wunder schauen, davon dir heute keine Schilderung auch nur ein Ahnen bringen könnte!

Es werden Dinge in dein Leben treten, die heute dir „Unmöglichkeiten" heißen, — und heute wahrlich noch mit Recht! — —

Als größtes aller Wunder aber wird es dir erscheinen, daß alles dieses dann in deine Macht gegeben ist, — daß du nicht in Ungewißheit warten mußt auf Erfüllung deines Sehnens, da es sich stets alsdann mit aller Sicherheit durch seine eigene Kraft erfüllt...

Bist du bis hierher treu als Befolger der inneren Räte befunden, dann wird die „Lotosblüte" im geistigen Tempelteich sich allmählich mehr und mehr erschlossen haben.

Du wirst dann gar bald schon, oder doch in nicht mehr ferner Zeit, jenen Tag erleben, an dem die völlig eröffnete Blüte auf den Wassern leuchten wird, durchglüht von einem Lichte, das gewiß nicht von der Sonne dieser Erde kommt...

Siehe, der Tag ist erschienen, o Suchender, an dem dein Gott sich als dein Gott nun in dir selber offenbart, — in deinem „Ich"! — — —

Er wird in dir, und du wirst in ihm „geboren"...

Geheimnis bleibt, auch für den Schauenden im Geiste, was sich geistig solcherart vollzieht. — —

Noch aber wirst du gewiß des inneren Führers nicht entraten können, aber auf neue Weise wirst du nun mit ihm vereinigt sein ...

Schon wenn die Knospe der „Lotosblüte" erschienen ist, kann es sich fügen, daß du den geistigen Lenker vor dir im magischen Bilde erschauen magst, falls du die Eignung in dir trägst zu solchem Schauen.

Er ist es nicht selbst!

Es sind gewisse „magische" Kräfte deiner Seele, die er durch seinen Willen zu seinem Bilde formt.

Sei dankbar, wenn dein „Berater" solcherart sichtbar sich dir zeigen kann, — wenn er aus seinem Bilde dich belehrt, so daß du ihn zu hören glaubst!

Doch sorge dich nicht, wenn du auch niemals in diesem Erdenleben sein Bild als äußere Erscheinung erblickst!

Nur in seltenen Fällen ist es möglich für ihn, sich dir im Bilde darzustellen, und er wird nur dann solche Möglichkeit benutzen, wenn es zu deinem Heil gereicht und dich nicht in Versuchung bringen kann, deiner Seele „magische" Kräfte sodann um anderer „Bilder" willen zu mißbrauchen...

Besser, du siehst das Bild des Führers niemals vor dir, als daß sein Gebrauch deiner Seelenkräfte Ursache würde, sie willfährig zu machen, auch für täuschende Gewalten! — —

Du wirst seine Leitung um so sicherer in deinem Innersten erfühlen, und was du nicht im Äußeren erschauen kannst, wird sich zutiefst in dir — be-greifbar dir zu eigen geben...

Nun aber, — nachdem dein Gott in dir „geboren" wurde, und du in ihm, —

wird sich dein geistiger Berater, in Vereinigung mit deines Gottes Stimme und mit dir, nur in dem höchsten Leben seines Geistes offenbaren.

Du wirst ihn völlig identisch mit dir glauben, solange er bei dir ist...

Er wird dich nicht mehr lehrend führen, sondern sich selbst dir eröffnen, und du wirst selbst aus seinem Schatze inneren Lebens nehmen, was dir noch fehlt. — —

Über dem allen aber wird die Sonne göttlicher Freude leuchten, und alles Ringen um Licht und Erleuchtung, wie es einst dich verzehrte, bevor du auf dem Wege warst, wird dir nunmehr wie einstig erlittene „Qual der Hölle" erscheinen. —

Du siehst vor dir eine Ewigkeit, deren tiefste Tiefen immer Tieferes erahnen lassen, und weißt, daß du, mit deinem Gott vereinigt, durch die tiefsten ihrer Wunder ewig weiterschreiten wirst.

Wenn du dich hier in dieser Außenwelt gewahrst, in Leid und Erdenfreude, wirst du nach wie vor nur einen Erdenmenschen finden, — und dennoch wird dein Geist in deinem Gott hoch über alles Erdenmenschliche hinauf erhoben sein, denn deine Seele ist ein „Reich" der Ewigkeit geworden: — ein Himmel in den Himmeln! — — —

Dies, o Suchender, ist des „Weges" Lauf, — des Weges, den du beschreiten und durchwandern mußt, willst du zu deinem Gott gelangen!

Der „Weg" ist in dir selbst, — in deinem eigenen „Ich"!

Dies ist der Weg, der dich allein zu deinem höchsten Ziele führt: — zum „Erwachen" in der Geisteswelt!

Bist du hier nicht bereits in ihr „erwacht", so wirst du „drüben", nach dem

Ende dieses Erdenlebens, lange „weiterschlafen" bis man dich erwecken kann, — aus Träumen, die du selber dir geschaffen hast und die dich durch Aeonen dann in ihrem Banne halten können. — — —

Nun höre, was dir noch zu raten ist!

Vom Tage an, der dich entschlossen findet, diesen „Weg" zu wandern, wirst du dir einen starken Stab zur Reise schneiden müssen.

Du findest dann „das rechte Holz", wenn du die Kraft des Wortes, wie sie sich in jeder Menschensprache offenbart, erfühlend zu entdecken weißt! —

Wähle dir Worte, die zu deinem Herzen sprechen, — Worte von denen du „erfaßt", „erhoben" und „durchdrungen" wirst!

Schaffe dir eine kleine Zeit in jedem Tage, und, wenn es sein kann, schaffe sie dir zur immer gleichen Stunde, — eine Zeit, in der du dich dem Geiste dieser Worte in Betrachtung zu vereinen suchen kannst, ohne durch äußere Pflichten dabei gestört zu werden.

Behalte ein Wort, das dich „erfaßte" dann für lange Zeit zu deiner „stillen Stunde" als eine Übungsaufgabe für dein Denken, gleichwie ein Flötenspieler stets die gleiche Weise immer wieder „übt", bis er der Töne höchste Reinheit dafür fand. — —

Du wirst in diesem Buche viele Worte finden, die dir zu solcher „Übung" deines Denkens taugen können.

Andere gab ich an anderen Orten.

Doch mußt du nicht etwa an meine Worte dich verhaften!

Der Menschheit „heilige Bücher" sind der Worte voll, die dich „ergreifen" und zu sich „erheben" können. —

Dichter und Weise haben solche Worte wahrlich in Fülle gegeben!

Gefahr ist nur: daß du in solchen Worten zugleich die falsche Lehre findest, die Unverstand, oder allgemeines Überkommen, gewohnheitsmäßig ihnen unterlegt. — —

Darum rate ich dir, im Anfang doch lieber Worte aus meinen Schriften dir zu wählen, wenn du dich meiner Belehrung nun vertrauen willst.

Beginne damit, daß du, wie ich dir schon sagte, zuerst im „Denken" den Grund solcher Worte zu ergründen suchst!

Dann aber versuche an ihnen eine Weise des Denkens zu finden, die „wortlos" ist!

Ruhe nicht, bis du, in „wortelosem" Erfassen, dir den tiefsten Sinn der gewählten Worte ganz zu eigen weißt!

Präge sie deinem Auge ein, gelöst von anderen Worten, geschrieben in klarer Schrift deiner eigenen Hand!

Fühle die Worte deiner Wahl als ob es deine eigenen Worte wären!

Versuche in dir den Geisteszustand dessen zu erzeugen, der diese Worte erstmals niederschrieb!

Suche dein inneres Ohr zu erwecken, indem du der Worte Klang im Innersten zu „hören" versuchst!

Wenn du in allen diesen Formen des Erfassens sichere Erfolge zu verzeichnen hast, dann gehe weiter, — aber — erst dann! — auch wenn es gar lange währen sollte, bis du soweit bist. —

Ich warne dich davor, „schnellfertig" weiterzuschreiten!

Wohl mag es dir so scheinen, als wenn du „in wenigen Stunden" dies alles erreichen könntest...

Vielleicht auch wirst du schon heute, da du meine Weisung empfängst, bereits des Glaubens sein, solcher Übung des Erfassens keineswegs mehr zu bedürfen...

Viele, die einst den Pfad betreten wollten, blieben am Anfang schon liegen, weil sie also dachten! — —

Es wird hier mehr verlangt, als du im ersten Augenblick wohl vermuten möchtest!

Man muß nur oft vieles in ähnlichen Worten sagen, was an sich sehr verschieden ist. —

Nicht was die Dichter „Sprachempfindung" nennen, wird hier von dir verlangt, wenn auch ein Mensch, gewohnt der Sprache Klang und Rhythmus zu empfinden und der Worte Wert zu fühlen, schon auf halbem Wege ist, die hier gestellte Aufgabe zu verstehen...

Hast du aber alles, was hier verlangt wird, wirklich erreicht, dann wird eine neue, große Erweiterung deines Empfindens, ein weitaus wacheres Erleben deines Daseins dir die Sicherheit geben, daß du geschützt vor jeder Selbsttäuschung bist.

Dann schreite weiter, — du, der das höchste aller menschlichen Ziele erstrebt!

Nun mußt du jene Worte in dir selbst, mit deinem ganzen Sein, zu fühlen suchen!

Nun müssen jene Worte in dir selbst lebendig werden! —

Nicht nur deine Seele soll vom „Geist" der Worte nun durchdrungen sein, sondern dein Erdenleib muß jetzt in jeder Faser jene Worte fühlen lernen! — —

Die Worte müssen mit dir, — mit deiner Seele und deinem Leibe, — zu einem Sein verschmolzen werden! —

Dein Erdenkörper muß zum Körper der gewählten Worte werden, als ob nichts anderes in ihm lebendig wäre. — —

Die Kräfte deiner Seele, bereits in deinem Willen straff geeint, müssen nun sich auch den Worten, die du wähltest, einen, und du mußt als Bewußtsein dieser Worte dich empfinden! — — —

Dann aber hast du Großes errungen auf deinem Wege!

Du wirst zum erstenmale nun erfahren, was das „Leben" ist, das dich, wie alles Lebende bewegt! — —

Es wird dir sein, als seiest du auf einer neuen Erde, — in einer neuen, nie geahnten Welt...

Du wirst erkennend innewerden, daß alles, was die Menschen auf der Erde „Wachsein" nennen, nichts anderes ist, als tiefer, dumpfer Schlaf und wirrer Traum.

Hier schon kann ein klares Erschauen der geistigen Welt beginnen, wenn die von Anbeginn in dich gelegten Kräfte solches erlauben, und wenn du ein Mensch des Schauens, nicht einer des begrifflichen Erfassens bist. —

Bist du jedoch, nach deiner Eigen-Art, nur dann „im Bilde" wenn du das, was du erkennen willst, „be-greifen" kannst, dann wirst du kaum zum „Schauen", wohl aber zum be-greifbaren Erleben kommen...

Zu einem neuen Menschen wirst du gewandelt sein, und ein Bewußtsein deiner selbst wirst du errungen haben, das deinem gegenwärtigen Bewußtsein kaum vergleichbar ist!

Wie die strahlende Sonne des hellen Mittags in ihrem Lichte einer kleinen Öl-Lampe Licht verschwinden läßt, so wird in einem neuen Bewußtsein aufgehen und verschwinden, was du noch heute dein „Bewußtsein" nennst...

Du wirst dann wissen, warum der Weise vom „Leben", als vom „Lichte" der Menschen redet, und wirst der vielgedeuteten Worte herrlichen Sinn verstehen:

„Im Anfang ist das Wort, und das Wort ist bei Gott, und Gott ist das Wort..."

„In ihm hat alles Leben, und sein Leben ist der Menschen Licht."

„Und das Licht leuchtet in der Finsternis, und die Finsternis kann es nicht auslöschen." — — —

Der diese Worte niederschrieb, der wußte wohl was er sagte, und auch du wirst es wissen, wenn du an diesem Punkte deines Weges angelangt sein wirst...

Doch, — „das Himmelreich leidet Gewalt, und nur die Gewalt brauchen, reißen es an sich!" —

Ohne Bezwingung deiner Ungeduld, ohne ausdauernde Übung deiner Kräfte, wirst du niemals Erfolg erwarten dürfen.

Glaube aber nicht, daß ein wildes Erzwingenwollen, oder daß krampfhafte Anstrengung dich deinem Ziele näherbringen könnte!

Nicht so ist dieses Wort gemeint!

Stets muß dich eine Stimmung voll heiterer Gelassenheit und stiller Freude umfangen, und alle deine Sorge muß darauf gerichtet sein, mit unsagbarer Behutsamkeit jenes zarte, innere Vernehmen zu erreichen, von dem ich vordem sprach.

Es kostet mehr „Gewalt", dich so „im Zaum" zu halten, als manche heroische und weithin sichtbare Tat dich kosten würde...

Wenn du aber alles wohl erwogen hast, was ich dir sagte, und fortan tun willst, was gefordert wird, dann kann ich dir die Sicherheit geben, daß auch du dereinst zu jenen gehören wirst, die das Geheimnis des „Himmelreichs" in sich erfahren dürfen.

— — — — — — — — — — — — —

So beginne denn deinen steilen Weg!

Möge unermüdliche Ausdauer dich bis ans Ende geleiten!

Hohe Hilfe wird dir allezeit nahe sein...

Blicke nicht zurück auf das Leben voll Leid und Freuden, Schuld und Verdiensten, das hinter dir liegen mag!

Wisse auch, daß es gleichen Wertes für deine Aufgabe ist, ob alle Erdengelehrsamkeit dein eigen wurde, oder ob du unter den Unwissenden der Geringste bist! — —

Suche nicht dich abzusondern von den Menschen, und glaube nicht, daß seltsame Lebensart, der Art des Lebens deiner Zeit und deines Landes fremd, dich etwa fördern könne.

Noch weniger kann dir die Art deiner Nahrung nützen oder schaden auf deinem Wege, wenn sie nur deinen Körper gesund und bei Kräften hält.

Willst du das Fleisch der geschlachteten Tiere meiden, dann meide es, und willst du dem Weine entsagen, dann entsage ihm, aber bilde dir nicht etwa ein, du seiest nun dadurch ein „reinerer", oder gar „höherstehender" Mensch geworden! — —

Das Gleiche gilt von der sinnlichen Liebe zwischen Mann und Weib. —

Erniedrige dich nicht zum bloßen Tiere, und halte deine gebändigten Triebe stets in starker Hand, damit sie

niemals gegen deinen Willen dich unterwerfen können, aber beflecke nicht durch Lästerung ein Mysterium, das du erst „rein" verstehen kannst, wenn du bereits zu den Erwachten im Geiste gehörst! —
— —

Nicht ohne tiefste Gründe ergründet zu haben, sprachen die Priester ältester Kulte die Symbole der Zeugung heilig, — und wahrlich: sie verehrten anderes darin, als nur ein Bild der ewig zeugenden Natur...

Enthaltung aber ist dir nur dort geboten, wo deiner Triebe unbezähmte Gier zur Ursache des Unheils für dich selber oder andere werden könnte. — —

Enthaltung ist nötig von allen Lastern, da sie dein hohes Streben zum Geiste alsbald behindern und zuletzt ersticken müßten.

Vermeide alles, was dich oder andere schädigen könnte!

Vermeide auch jeden lieblosen Gedanken!

Liebe dich selbst! — Denn, wenn du dich selbst nicht lieben kannst, wirst du deinem „Nächsten" wahrlich wenig Gutes antun, wenn du ihn „liebst" — wie dich selbst. — —

Gehe selbst deinen eigenen Weg, aber lasse auch jeden Anderen seinen eigenen Weg durchwandern, — auch wenn seine Ziele ferne hinter dir liegen! —

Du weißt nicht, wann eines Anderen Stunde kommt, und du hast kein Recht, ihn vor seiner Stunde im Schlafe zu stören...

„Erwecken" würdest du ihn doch nicht können, denn keiner entrinnt dem Schlafe, bevor seine Stunde kam. —

Ist aber seine Stunde nahe, dann wird er selbst dich um Belehrung bitten. — — —

Dann erst darfst du sie ihm geben!

Dann erst werden dir auch die Leuchtenden des Urlichts mit ihrer Kraft zur Seite stehen und deine Hilfe wirksam unterstützen. — —

Du bist nicht berufen, aus dem Geiste her zum Geiste zu führen, und die dazu berufen sind, werden niemals andere nötigen, sich ihrer Führung zu vertrauen! — — —

Gehe du in heiterer Stille deinen Weg zu dir selbst!

Dein Weg zu dir selbst wird dich in deinem Seelenreiche zu deinem geistigen Berater führen, und er wird dich in dir zu deinem höchsten Ziele leiten...

Dein Weg zu dir selbst ist — dein Weg zu Gott!

Niemals kannst du zu Gott gelangen, wenn du ihn nicht findest, wie er ist — in dir selbst! — — —

Nun aber will ich dir noch einige Worte geben, die dich des geistigen Reiches Wirken auf der Erde, und noch manches Verborgene erkennen lassen werden, wenn du, guten Willens, Geistiges erkennen willst.

Ich will einige Kränze an die Wände deines Hauses hängen.

Kränze aus jenen Blumen, die ich auf meinen höchsten Wegen fand und an meines letzten Weges Ziel, in meinem blühenden Garten.

Zerpflücke mir die Kränze nicht, und lasse jede Blume dort, wohin ich sie verflochten habe! —

Du kannst sonst die eine, große Wirklichkeit nicht rein erfassen, die alle Worte dieses Buches dir zu künden kommen...

Du kannst sonst nicht das Geheimnis deuten, das hier in stillen Worten sich enthüllt: — das Geheimnis des göttlichen Lebens im Erdenmenschen, — das hohe Mysterium vom lebendigen Gott! — — —

En sôph

„En sôph", „das Seiende aus sich" ist „Geist", der Alles in sich faßt.

Die Kräfte des Universums aber sind „Ursachen" vieler „Wirkungen", und das verführte euch, nach einer ersten Ursache zu suchen.

Doch nie hat es eine „erste Ursache", nach eurem Sinne, gegeben! —

Ewig gestaltet sich „Gott" aus dem Chaos der Elemente des Seins! — — —

Nichts ist hier „Ursache" und nichts ist „Wirkung"!

Nur der freie, bewußte Wille des Geistes gestaltet sich selbst für sich selber zu — „Gott"! — — —

Chaotisch wirken die Elemente des Seins, dort, wo sie, aus Ursein hinausgeschleudert, sich bezeugen, als die tiefsten, schöpfungsträchtigsten Gewalten der Urnatur.

Dort sind sie drang- und triebhaft tätig, ohne Eigenbewußtes in ihrer Wirkung. —

Dort stehen sie noch auseinander, und jedes einzelne behauptet nur sich selbst. — —

Aus solcher Selbstbehauptung des Geschiedenen jedoch ergibt sich Pol und Gegenpol, und damit — Anziehung, die im Verlaufe unermeßbar langer Erdenzeit sodann die Sammlung vorbereitet...

Im Seelischen des Erdenmenschen wird dann die Vereinung aller Urseins-Elemente wieder Wirklichkeit, wenn Menschenwille sie erstrebt. — — —

Was in deinem Herzen tobt und drängt nach Gestaltung, — was dich ständig bewegt und in Unrast erhält: — dieses jagende Streben, irgend etwas erreichen zu müssen, — — darin erkenne die Auswirkung jener Urseinskräfte, die sich in dir erneut und nun individuell bestimmt, vereinen wollen!

Noch aber drängen sich in diesen Elementen, die sich in der hohen Form, die dein Bewußtsein braucht, als deine Seelenkräfte offenbaren, gar viele Willen an dich heran...

Noch findest du dich nicht im gebietenden Willen, der alle die andern in sich zu vereinen weiß...

Alles was in dir nach Außen hin „Ich" sagt, und was du im Innern als „Ich" empfindest, ist meist noch der vielen Willen einer, die sich im Geistesfunkenlichte deines Selbst-Bewußten einen sollen...

Erst im bewußten Sein kann göttliches Bewußt-Sein sich in Urseinselementen neu bezeugen!

Von grauenvoll — im Unsichtbaren, wie im Sichtbaren — erregter Urnatur bis hin zur Einung im Bewußtsein eines Erdenmenschen (und es gibt gar viele „Erden"!) führt der Weg der Urseinselemente zurück, hinauf, zu gottbewußtem, „neuem" Sein. — —

Was du jedoch von außen her betrachtest und „Naturkraft" nennst, ist nichts als Wirkung, nichts als Wiederspiegelung und Zeugnis gegenseitiger Beeinflussung der Urseinselemente, — aber keineswegs mit diesen selbst identisch! — — —

Was du die „Wirklichkeit" des sichtbaren und unsichtbaren Universums nennst, ist nur insofern „wirklich", als es lediglich die Wirkung urgegebenen Seins, in Urseinselementen auf verschiedener Formungsstufe, als Erscheinung darstellt.

Das Universum „ist", soweit die Urseinselemente „sind", — nicht aber „aus sich selbst"!

Ihr redet noch von einem „Gott", — dem „Schöpfer" aller Dinge, der eine unendliche Welt sich zu Ehren „erschuf", sich zu Ehren „erhält".

Doch solche Gottesvorstellung und Weltdaseinserklärung war nur entschuldbar in der Vorzeit, die noch nichts von alledem kannte, wodurch sich heute Urseinselemente in der Auswirkung bezeugen, und wahrlich eurem Denken schon zum Anlaß werden sollten, die alten Vorstellungen auszulöschen. —

Sie jetzt noch beibehalten wollen, ist zu gleichen Teilen Torheit, wie Lästerung! — —

„Gott" ist nur allein der Schöpfer seiner selbst in allem was da „ist", und alles wahrhaft „Seiende" ist Sein von seinem Sein! — — —

„Gott" ist allein der Zeuger seiner selbst und nicht, in eurem Sinn, der Menschen und der Dinge Schaffer! — — —

Aller Sonnen und Welten gestaltende Kräfte sind Formen des Geistes, — Urseinselemente, — die sich in Zeit und Raum erleben und so in Zeit und Raum zeiträumliche Formen kristallisieren, — — zeitweilig nur Erscheinung, und jeweils bedingt durch den Raum...

Urseinselemente aber werden immerdar aus dem Ursein ausgeschleudert und kehren immerdar zu ihm zurück.

So war es von Ewigkeit her, und so wird es in Ewigkeit bleiben!

Stetig die Wirkung wechselnd, bezeugen sich Urseinselemente: — bald Erscheinung, bald der Erscheinung Zerstörung bewirkend.

Sie selbst aber „sind" von Ewigkeit zu Ewigkeit, wie immer sie auch ihre Wirkungsweise wechseln, und sie werden von keinem „gewirkt"...

Es hat nie einen „Anfang" gegeben, und nie kann ein Ende dieses urewigen Lebens sein!

Das ganze, weite, formengeschwängerte Universum, mit aller seiner Sichtbarkeit und seinem dir Unsichtbaren, — ist nur der Wogenspiegel eines ewigen, geistigen „Meeres", aus dem sich in eigener Kraft die Wolke der Gottheit erhebt! — —

„Gott" bedingt das Universum, und das Universum bedingt „Gott"!

Das „Perpetuum mobile", das Weise und Narren zu erfinden hofften, ist bereits vorhanden und kann nicht ein zweitesmal „erfunden" werden...

Alle, die nach seiner „Er-findung" strebten, ahnten nur, — wenn auch pygmäenhaft verkleinert, — das Sein des unermeßlichen „Ganzen", — — das Sein dessen, das da „ist" aus sich selbst, ohne „Anfang" und ohne „Ende", das ewige „Leben", — im Kreislauf des Seins! — — —

Vom Suchen nach Gott

Du suchst noch einen Gott in unbegrenzten Fernen. — —

Siehe aber, ich sage dir:

Bevor dein Gott in dir „geboren" ist, wie du in ihm, wirst du ihn nirgends finden!

Ehedenn dein Gott dir „geboren" ward, wirst du vergeblich alle unendlichen Räume durch deinen tiefsten Schrei nach Gott erbeben lassen...

Man sagte dir, der Erdenmensch sei ein verhüllter „Gott", und müsse nur zu der Erkenntnis seiner selbst gelangen, um sich für alle Ewigkeit als „Gott" zu finden.

Die also zu dir sprachen, waren wahrlich, weiter als sie wußten, fern von Gott!

Nicht du bist Gott, jedoch in dir allein auf dieser Erde, kann sich dein Gott gestalten, und dann bist du mit deinem Gotte so verbunden, wie Wort und Sinn im Lied vereinigt sind! — —

Nichts wird alsdann dich je von deinem Gotte trennen können!

In aller Ewigkeit wird er in dir „lebendig" sein! — — —

Darum suche Gott nicht mehr in unendlichen Weiten, und nicht in einer unnahbaren Welt, hoch über allen Sternen! —

Solange du Gott noch suchst, ist dir dein Gott noch nicht „gestaltet"!

Sobald er dir einmal „geboren" wurde, kannst du ihn nicht mehr suchen. —

Nichts ist weniger vonnöten, als das „Suchen nach Gott"!

Aber suche in dir den Weg zu finden, auf dem dir Gott entgegenkommen kann!

Suche dann alles in dir zu bereiten, damit dein Gott sich dir vereinen kann!

Siehe, der Wille des ewigen, allumfassenden Geistes „will" dich und „lebt" in dir, auf daß er einst in dir sich selbst als dein Gott „gebären" könne! —

„Advent", — die Zeit der Vorbereitung, — sei hinfort in deiner Seele, denn siehe: du bist „Bethlehem", und in dir soll dein König erscheinen, der dich erlösen kann, — — der allein dich er-lösen kann!

— — —

Von Tat und Wirken

Tätig sollst du sein und wirken auf deinem Wege, wo immer zu Tat und Wirken Kraft und Begabung sich in dir finden.

Wenn du dereinst mit deinem Gott in dir vereinigt bist, wird all dein Leben nur ein Tun und Wirken, — ja du selber wirst nur Tun und Wirken sein! — —

„Gott" ist ein lebendiges Feuer!

In ihm wird alles zerstört, was tatlos fault und erstarrt. — —

Der Wille des Geistes kann sich in dir nicht als dein Gott „gebären", wenn du nicht tätig bist, als wäre dein Gott schon vereint mit dir...

Dein Gott wird ein Gott der Kraft und der Wagnisse sein, und nicht ein Dämon der kraftlosen Wünsche, der zehrenden Ängste! — — —

Tätiges Wirken möge deine Liebe finden zu jeder Zeit, wie auch der Geist in Ewigkeit sich selber wirkt in steter Tat!

Wie willst du hoffen, deinem Gott dich zu vereinen, solange deine Liebe sich von ihm entfernt?! — —

Du kannst nur zu dir selbst gelangen in deinem Gott, wenn du bereit bist, wirkend deinem Gott dich zu vereinen, denn — der lebendige Gott ist nicht ein Gott der Träumer und Phantasten!

Nur in erwachten Seelen kann er sich „gebären"...

Sein Licht ist viel zu hell, als daß es Dämmerseelen je vertragen hätten. — —

Einige deiner Seele Kräfte zu hohem Tun!

Vollende, was immer du auf Erden hier vollenden kannst, und wirke, soweit du es vermagst!

So wirst du deinem Gott in dir, — deinem lebendigen Gott, — von Furcht befreit, dereinst begegnen können.

Du wärest nicht im Leben, wäre „Leben" nicht als „Tat" des Geistes in dir wirkend...

„Ewig" ist dein Leben nur, weil alle „Tat" des ewigen Geistes ewig, wie er selber ist. —

Zeitlich aber bist du als die zeitliche Erscheinung dieser Erdenwelt, und also ist es Erdenpflicht für dich, allhier im Zeitlichen das Zeitliche zu wirken, so wie du selbst im Ewigen gewirkt wirst ewiglich durch Ewiges! — — —

Nur im steten Wirken kannst du dich als bewährt erweisen, und in der Tat mußt du dich selbst bereitet haben, wie es hohe Führung von dir fordert, soll dein Gott sich in dir selbst „gebären" können.

Von Heiligkeit und Sünde

Die von den letzten Dingen wirklich wußten, haben noch allezeit den „Heiligen" in seiner Eitelkeit und falschen Demut lächelnd verachtet, aber sie wissen auch zu sondern zwischen eitlen Tugendbolden und den wahren Großbeseelten, die man zuweilen „heilig" sprach...

Stolze Menschen wollen sie finden, die erhobenen Hauptes zu leben wissen, — nicht dürftige Bettler vor den Toren göttlicher Herrlichkeit, — nicht jämmerliche Büßerseelen!

Menschen wollen sie finden, die das Leben zum Kunstwerk zu gestalten wissen, — nicht solche, die sich dem Leben beugen, wie das Lasttier seiner Last!
— —

Wen Schuld und Sünde aus seiner Bahn zu werfen fähig sind, der ist nicht wert, den Preis des Siegers zu erringen! —

Wer den großen Sieg erkämpfen will, der darf sich nicht mit Sorge plagen, weil der Staub des Alltags dabei sein Gewand beschmutzt...

Wer stets bestrebt ist, Flecken aus seinem Mantel zu putzen, der wird sein höchstes Ziel gar bald aus dem Auge verloren haben...

Ich rate gewißlich keinem, sich im Schmutz zu wälzen, — aber ein jeder, der zum Ziele will, muß achtlos werden gegen den Staub des Alltags und die kleinen Flecken, womit er sein Gewand auf seiner Wanderung bedeckt.

Dein Fuß wird ständig an der gleichen Stelle kleben, und niemals wirst du deinem Schritt vertrauen, läßt du dich durch die

Fehler, die du niemals ganz vermeiden kannst, auf deinem Wege stören. —

Der „Heilige" aber ist einem Menschen gleich, der sich selbst die Sehnen durchschnitt, und nun als ein Lahmer am Wege liegt, jedoch mit offenen Augen träumt: — zu fliegen. —

Ach, daß du mir lieber noch in Schuld und Sünde bis an die Schultern waten möchtest, als daß ich je dich in Gefahr erblicken müßte, zu einem solchen „Heiligen" zu werden! — —

All deine beste Kraft geht dir verloren, willst du dem „Heiligen" gleichtun, und vor allem dich „von Fehlern frei" zu halten suchen...

Du kannst deine Kräfte nicht gebrauchen, wenn es deine stete Sorge ist, jeden Fehler zu vermeiden, denn wo immer du wahrhaft tätig bist, wirst du zugleich auch in Fehler und Sünde fallen, ohne es zu wollen. — —

Wie aber der Marmorstaub in des Bildhauers Werkstatt gewiß nicht seines Bildwerks Wert verringert, so wird auch dein „Ich", das du aus „rohem Stein" hervor zu formen suchst, auf keinen Fall an Wert verlieren durch den „Staub" und „Schutt", der ringsum liegen bleibt, bis endlich deine klare Form herausgemeißelt ist.

Vergiß der Werkstatt „Staub" und „Schutt" und denke stets nur an das „Werk", das du aus deinem Dasein formen sollst, zu hoher Schönheit und zu ewigem Bestand! — —

Und bist du tief gefallen, wo du nicht fallen wolltest, so erhebe dich eilends und vergiß, daß du jemals zu Fall gekommen warst!

Aber selbst dann auch, wenn dein Wille dich zu Falle brachte, sollst du keine andere Sorge kennen, als dich augenblicklich wieder zu erheben!

Unnütz ist deine „Reue" nach dem Fall, — aber dein kraftvolles Erheben kann dir zu dauernder Sicherheit verhelfen, die den neuen Fall vermeiden lehrt...

Wahrlich, besser schreitet der voran, der die Kraft zur Erhebung nach dem Falle in sich weiß, als jener, der, in steter Ängstlichkeit, jedes Straucheln achtsam vermeiden möchte! — —

Dir kann auf deinem Wege nichts zum Schaden gereichen, außer der Furcht vor den hemmenden Kräften der Schuld, — und diese hemmenden Kräfte wieder, werden allein aus deiner Furcht geboren. — —

In Liebe schreite dahin, und frei von Furcht, — doch möge deine Liebe nie die

Kräfte untergraben, die du zum Widerstande brauchst!

Sei immerdar gütig gegen alles was lebt, aber — „Güte" gegen den Tiger ist ein wohlgezielter Schuß, denn auch, was du vernichten mußt, sollst du nicht leiden machen! — — —

Frei muß auch deine Güte und Liebe sein, oder sie wird dir zum Laster werden! — —

Frei ist nur, wer sich selbst befreit!

Kein äußerer „Gott", wie du ihn über Sternen dir erträumst, kann jemals dich befreien! — —

Doch: — hilfst du dir selbst, so hilft dir auch dein Gott, — — dein Gott, der in dir selber sich dereinst „gebären" will! — — —

Du hast dir selber deine Gespenster geschaffen, und nur du selbst wirst sie vernichten können!

Vieles gilt dir noch als „Schuld" und „Sünde", was solche Lästerung wahrlich nicht verdient, — und manches nimmst du leicht, und siehst darin gar deine „Tugend", obwohl es dir Versuchung zum Verderben ist...

Du sollst „Versuchung" niemals suchen, aber du sollst auch nicht, dem „Heiligen" gleich, dein Auge also bannen, daß es allerorten nur „Versuchung" sieht. — —

Erhobenen Hauptes gehe deinen Weg, und wisse: — daß du am besten stets behütet bist, wenn du dir selbst vertrauen kannst! — — —

Kein „Fall" und „Fehler" kann dich dann in deinem Schreiten hindern, bis du dereinst, mit hoher Kraft gestärkt, dein Ziel, das in dir selber ist, erreichen wirst!

Aber ich warne dich, und rate dir: —

Eher noch suche Schuld und Sünde, — doch hüte dich vor dem Willen zur „Heiligkeit"!

Die „okkulte" Welt

Bisher wurde in den Worten dieses Buches fast nur von jenem „Unsichtbaren" gesprochen, das deine Seele ist und in deinen Seelenkräften sich entfaltet, sowie von jener hohen Geisteswelt, der du entstammst, und die du wiederfinden mußt, willst du zu Gott gelangen und den Frieden finden, den dir die Außenwelt nicht geben kann. —

Es ist aber noch von einem anderen „Unsichtbaren" zu reden: — von einem Unsichtbaren, das dich von außen her umgibt, wie alle Dinge und Gestalten materieller Sichtbarkeit...

Dieses „Unsichtbare" ist ein gar wenig gekannter Teil dieser physisch-materiellen Welt, und ist zugleich der unvergleichbar größere Teil...

Über dieses „Unsichtbare" muß zuerst auch der geistige Führer schreiten, wie über eine Brücke, wenn er dich, den annoch Unbereiteten erreichen will, denn noch bist du nicht fähig, ihn aus der Einheit deiner Seelenkräfte zu vernehmen, so, wie du später ihn erkennen sollst, — in Gott. — —

Er kann vorerst allein von diesem „unsichtbaren Außen" her dein Inneres erreichen!

Es gab jederzeit Menschen, die dieses „unsichtbare Außen" mit aller Sicherheit erkannten.

Für die Erreichung ihres höchsten Zieles war und ist solches Erkennen ohne jeden Wert.

Sie „sehen" mehr wie Andere, — so wie du, wenn du durch ein Fernrohr blickst, die „Ringe" und die „Monde" ferner Sterne sehen kannst, derweil ein Mensch, der nur mit bloßem Auge sieht, nichts anderes gewahrt als einen hellen Punkt...

Ihr „Sehen" ist an einen physischen Organismus gebunden, der im Menschen der Gegenwart nur selten so „entwicklungsfähig" ist, daß ihn der Mensch gebrauchen kann.

In Menschen alter Zeiten war dieser Organismus oft weit stärker ausgebildet, und auch in späteren Menschen wird er wieder sich entfalten, nachdem sie selbst Gewähr zu schaffen wußten, daß er ihnen nicht mehr zum Verhängnis wird...

Die Entwicklung solcher, dem Alltagsleben nicht notwendigen, physischen Organe vollzieht sich, nach Art der Wellenbewegung, bald mit größerer, bald mit geringerer Intensität, innerhalb der gesamten Art.

So erlischt auch die Fähigkeit, das Unsichtbare dieser physisch-materiellen Welt mit Sicherheit zu erkennen, oft bis zum letzten Rest, um dann, zu anderen Zeiten, wieder allenthalben in Erscheinung zu treten.

Es handelt sich um rudimentäre Organe des Menschentieres der Urzeit, die nur denen zum Segen gereichen, die seelisch vorbereitet sind, von der damit gegebenen Fähigkeit den rechten Gebrauch zu machen.

Die Menschen, in denen der Organismus für die Wahrnehmung des äußeren Unsichtbaren völlig entwickelt ist, sind daher immer auch begabt mit gleichsam „erfahreneren" Seelenkräften, die schon in vielen Menschen der Vorzeit wirksam waren.

Wo immer mit diesem „Sehenkönnen" im physischen Unsichtbaren zugleich der Drang nach höherer Erkenntnis sich verbunden zeigt, dort wird der also Begabte auch in diesem unsichtbaren Teil der irdischen Welt nicht zur Beute des Irrtums werden, sondern gütige Berater und besorgte Helfer aus dem Reiche wesenhaften Geistes finden, die ihm das Verstehen dessen, was er wahrnimmt, erleichtern.

Ist er erst völlig „wach" geworden, dann kann es selbst möglich sein, daß er durch höhere „Erwachte" Macht über Kräfte dieser unsichtbaren Welt erhält, um mitzuwirken am Entwicklungsplan der Erdenmenschheit, wie er seit Jahrtausenden von des Urlichtes Leuchtenden gefördert wird.

Meist werden nur wenige unter den „Kundigen des Unsichtbaren" gefunden, die solcherart „brauchbar" sind.

Es wäre aber zu wünschen, daß alle Menschen, die den Organismus zum Erfahren des physisch Unsichtbaren irgendwie, — sei es schwach oder stärker, — in sich fühlen, ihn sorglichst beobachten und vor allem Mißbrauch bewahren wollten...

Vielleicht könnte mancher Keim unter sicherer Pflege zum Gedeihen gebracht, und segensreich wirksam werden. —

Es sind viele „Arbeiter im Weinberg" nötig, und die Menschheit dieser Tage würde vieles gewinnen, wenn ihr wieder kundige Helfer und Lehrer erstehen könnten, die auch im Unsichtbaren dieser physischen Welt auf sicheren Wegen zu wandeln wüßten...

Nicht das „Experiment" mit Medien und Somnambulen bringt hier Aufschluß, sondern nur die Eigenerfahrung der organisch Befähigten! —

Alle Ehre wissenschaftlichem Forschungseifer, — allein durch die sogenannten „metapsychischen" Experimente, die, wie schon ihre Kennzeichnung sagt, von falscher Voraus-setzung, — irrigem Vor-Urteil ausgehen, — zieht man nur die Schmarotzerkräfte des physischen Unsichtbaren heran.

Diese „Schmarotzerkräfte" des unsichtbaren Teiles der physischen Welt, sind Wesen, die, dem Anschein nach, den Kräften, aus denen sich die Seele auferbaut, sehr ähnlich sind, jedoch beileibe nicht etwa mit „Seelenkräften" verwechselt werden dürfen.

Es wäre die gleiche Verwechslung, wie wenn man die Grimassen der Affen an den Gitterstäben ihres Käfigs, mit der geistvoll durchgebildeten Darstellungskunst großer Menschendarsteller auf der Schaubühne verwechseln wollte...

Die Wesen des unsichtbaren Teiles der physischen Welt, mit denen man es zu tun hat bei „metapsychisch" genannten Experimenten, wie nicht anders dort, wo man in weihevoller Stimmung glaubt, mit abgeschiedenen Menschenseelen zu verkehren, sind gewiß nicht ohne eine Art „Bewußtsein", und sie „wissen" oft mehr als ihre Befrager, — aber nur dunkel und traumhaft sind sie ihrer selbst bewußt, so daß sie kaum, nach menschlicher Art, moralisch zu verurteilen sind, wenn sie sich jeweils für das ausgeben, was man in ihnen zu sehen vermeint, was man in ihnen zu finden glaubt. — —

Sie wollen vor allem Bestätigung ihres Daseins finden, und um diese zu erlangen, sind sie zu allem bereit, was ihre Macht nicht übersteigt, gehen aber auch weiter und suchen Macht noch vorzutäuschen, wo ihre Macht zu Ende ist...

Es bindet sie keine „Pflicht" und kein „Gewissen"!

Dein Untergang bereitet ihnen gleiche Lust, wie dein Erstarken, wenn sie ihr Dasein nur, durch ihre Einwirkung auf dich, an dir bestätigt finden. — —

Wehe dem Menschen, den diese Wesen bereits „besitzen"!

Sie saugen ihm das Mark des Lebens aus wie Vampyre, denn sie müssen sich von seinen Kräften „nähren", wenn sie ihm zu Diensten stehen sollen. —

Wenn er nicht selbst sie von sich schütteln kann, wird er der Sklave ihrer dunklen Triebe werden, bis seine Seele selbst dabei „erstirbt", da ihre Kräfte nach und nach von ihm sich lösen, — wonach dann, wenn der Erdenkörper sich zum letzten Schlafe niederlegt, sein einstiges Bewußtsein in Vernichtung endet, — — dem einzigen wahren, weil ewigen „Tode", der dem Erdenmenschen wirklich drohen kann. — — —

Die wenigsten Menschen wissen mit Gewißheit um die truggeschwängerte Natur dieser Wesen, die man schwer benennen kann, da in der Sichtbarkeit sich kein Vergleichsbild findet.

Es sind die unsichtbaren Wesen, durch deren Kraft der Fakir seine „Wunder" wirkt, — und da man sie nicht kennt, staunt man den Fakir an, wenn je ein echter, dieser Unterweltverhafteten, sich zeigt...

Diese Wesen „können" vieles, was dem Menschen auf der Erde niemals möglich sein wird, solange er allein aus eigenen Kräften wirkt.

Sie „sehen" deine Gedanken, besser, als du selbst sie kennst, — und deine verborgensten Vorstellungsbilder können sie vor deinem Auge sichtbar werden lassen...

Sie können, vorübergehend, Formen und Stoffe bilden, so greifbar wie jedes andere Erdending, wie jeder dir bekannte Stoff, — denn diese Wesen sind die unsichtbaren Wirkweber der physischen Gestaltung, die aller sichtbaren Erscheinung unsichtbare Fäden knüpfen...

Sie können sich in Menschenformen hüllen, von Menschen, die schon längst nicht mehr auf Erden leben, — denn jede Form, die hier auf Erden einmal „wurde" ist in der Sphäre dieser Wesen so erhalten, wie —

beispielsweise, wenn der Vergleich auch hinkt — etwa die galvanische Matrize, aus der man jederzeit einen neuen Abguß nehmen kann.

In Wirklichkeit ist die „Matrize" hier ein unsichtbares, hauchzartes Gebilde: — ein Lamellensystem, das die mathematisch genaue Wiedergabe sämtlicher inneren und äußeren Formen darstellt, die einst einen Menschenkörper bildeten.

Dieses, für gewöhnlich auf engsten Raum in sich selbst zusammengezogene Gebilde wird unter entsprechenden Bedingungen gleichsam „aufgefüllt" mit den physischen Kräften, die normalerweise den Erdenkörper des „Mediums" erhalten.

Das „Medium" muß während der Zeit einer solchen Manifestation in jenem bewußtlosen Zustand verbleiben, den man unter dem Namen „Trance" kennt.

Der entstandene Scheinkörper ist während seiner, auch im allergünstigsten Falle überaus kurzen Darstellungszeit, das Wirkungsfeld der Tierseele des bewußtlosen „Mediums", wobei diese Tierseele zugleich unter einer Art Hypnose gehalten wird durch jene unsichtbaren Wesen der physischen Welt, die sich in dem erzeugten Scheinkörper manifestieren.

Wenn ein solches Phantom sogar zu sprechen vermag und ganz in der Weise seines verstorbenen Urbildes spricht, so ist das um nichts verwunderlicher als das Sprechenkönnen eines auf normale Art inkarnierten Menschen, denn auch in dem Scheinkörper sind für die Dauer seines Bestehens alle Organe in solcher Form wieder physisch dargestellt, wie sie voreinst in seinem Urbilde in Erscheinung waren, — genau, selbst in Bezug auf etwaige Deformierungen oder sonstige Mängel.

Es wird, so hoffe ich, wohl kaum nötig sein, hier noch zu sagen, daß diese zurückbleibende Form im unsichtbaren Physischen, mit dem sie ehemals bestimmenden Menschen nicht mehr zu tun hat, als die abgeworfene Schlangenhaut mit dem Reptil, das ihrer sich entledigte. —

Nicht umsonst bin ich hier auf Vorgänge eingegangen, deren bloße Darlegung mir schon widerwärtig ist. — —

Ich will dich in der Lage sehen, Vorgänge, die dich verwirren könnten, selbst überprüfen zu können!

Du sollst, wenn sich Erstaunliches vor dir ereignen mag, dich nicht aus Unkenntnis düpieren lassen!

Nicht, was dir in den hier bezeichneten Bezirken an Betrug begegnen kann, ist als „Gefahr" zu werten...

Das Echte dieser Art allein birgt wirkliche Gefahr! — —

Ich warne dich hier aus gesicherten Gründen! —

Auch in dir können jene Wesen, wenn du je ihre Auswirkung kennenlernen solltest, eine Beute wittern...

Sie finden, — allzuoft nur, — solche Beute an denen, die, statt ihren Höhenweg zur Einigung der Seelenkräfte und zu ihrem Gotte zu beschreiten, nach „okkulten" Kräften streben, ohne jenen Grad der Einsicht schon erlangt zu haben, der nötig ist, damit ein wahrer Geistgeeinter unter ihren Menschenbrüdern sie in langen Jahren strengster Vorbereitung lehren könne, die hier gemeinten Wesen und ihre unheimlichen Kräfte zu bemeistern.

Selbst dann noch schwebt jeder, der sie ohne Not erregt und nützt, in ständiger Gefahr, — und keiner derer, die einst zur Erprobung ihrer Kräfte dieses Reich des unsichtbaren Physischen bezwingen lernen mußten, wird jemals länger in ihm verweilen, als es der bittere Zwang einer „Aufgabe" von ihm erheischt. — — —

Der verborgene Tempel

Alle, die den hier in diesem Buche von mir aufgezeigten Höhenweg betreten haben und betreten werden, stehen in ihrem Innersten alsobald in naher Verbindung, auch wenn in der Außenwelt sie Tausende von Meilen trennen sollten...

Solche „Verbindung" kommt auf zwiefache Weise zuwege: — Zuerst durch gegenseitige Anziehung der Strahlungen, die durch in sich bestimmte, menschliche Willenszentren als Strahlen-„Wirbel" in gewissen, höheren Regionen des unsichtbaren Physischen, ungewollt und unbewußt, erzeugt werden, und dort alles Gleichartige in Konnex bringen.

Dann aber durch direkte Influenzwirkung der Seelenkräfte, die nur der

Gleichrichtung der in ihnen gegebenen Willens-Strebungen bedürfen um sogleich, und praktisch unabhängig von Raum und Zeit, miteinander verbunden zu sein.

Doch, es ist menschliche Art, sich auch im Reiche der äußeren Erden-Sinne erkennbar und nahe sein zu wollen, sobald man durch Einstellung auf das gleiche Ziel sich einander zugehörig fühlt...

Vielen stärkt es auch Mut und Glauben, wenn sie auf dem „Wege" von Zeit zu Zeit mit Weg-Genossen reden können...

Und es gibt auch noch Gründe höherer Art, die oft Gemeinsamkeit in sichtbarer Nähe recht wünschbar machen. —

Der Weg zum geistigen Leben will oftmals leichter sich erschließen, wenn zwei, die ihn betreten haben, auch im Äußeren verbunden sind, und so ihn miteinander wandern können.

Darum wird jeder, der zur Belehrung in diesen Dingen das Recht und die Kraft erhielt, das Wort des hohen Meisters von Nazareth wiederholen müssen: —

„Wo zwei oder drei in meinem ‚Namen' versammelt sind, dort bin ich mitten unter ihnen!"

Doch niemals seien es mehr als „zwei oder drei", die sich, zum gemeinsamen Austausch ihrer seelischen Erfahrungen durch das Wort der äußeren Sprache, jeweils zusammenfinden!

Aus guten Gründen wird diese kleine Zahl gefordert!

Jede größere Gruppe seelisch Verbundener kann nur dann zu segensreicher Wirkung kommen, wenn sie, — was Redeaustausch über seelische Erfahrung anbetrifft, — in sich gegliedert bleibt als eine vielfache „Zwei- und Dreisamkeit", und jede solche „Zelle", gebildet aus Zweien oder Dreien, darf stets nur aus dem distinktesten Gefühl persönlicher Zusammengehörigkeit sich bilden, so daß — auch ohne besonderen „Schwur" — ihre Unzerstörbarkeit von Anfang an gesichert ist. ———

Die Suchenden sollen sich jedoch niemals zu einer „Gemeinde" zusammenschließen, denn keine Gemeinde ist möglich ohne Glaubens-Zwang, und nichts verträgt die seelische Entfaltung weniger, als irgend einen äußeren Zwang. — —

Eine jede „Gemeinde" bildet nur den Leichenzug ihres toten Glaubens!

Solange der Glaube lebendig und wirkend schafft, erduldet er für bemessene Zeit auch noch die nagende Krankheit einer „gläubigen Gemeinde", — aber dann wird er, welk wie eine Blume über die der Meltau kam, in sich zusammensinken, und die ihn als

„Gemeinde" am Leben zu erhalten meinten, werden selbst sein Grab ergraben haben. — — —

Es wird aber vielen von hohem Nutzen sein, wenn sie, sei es einzeln oder im Anschluß an gleichgerichtete Gruppen, jeweils zu „Zellen" von Zweien oder Dreien vereint, von jenen Dingen miteinander reden können, die sie auf ihrem Wege zum Lichte erleben oder erschauen.

Wenn es sich fügen läßt, dann sollen diese zwei- oder dreisam Vereinten möglichst immer zur gleichen Stunde zusammenkommen um ihre innere Erkenntnis miteinander zu teilen!

Es liegen auch in tiefsten Geistestiefen gewiß keine Gründe, die ein „Verbot" begründen könnten, daß viele solcher Zwei- oder Dreiglieder-Zellen untereinander in äußerer Verbundenheit stehen, solange nur solche Verbundenheit nicht zur „Gemeindebildung" mit ihrem Glaubens-zwang und ihren Glaubensartikeln entartet. — —

Dann erst würde äußere Vereinigung die innere zerschneiden!

Ob du aber nun ein-sam deinen Weg durchwandern willst, oder mit einem, und auch zwei Weggefährten, — stets sollst du wissen, daß ein verborgener Tempel dich mit allen vereint, die ihren Weg wie du bereits beschritten haben. — — —

Die Leuchtenden des Urlichts sind dieses Tempels wahrhaftige „Priester", und jeder Suchende, der seinen „Weg" in sich verfolgt, steht unter ihrer sicheren Führung, auch wenn sein Inneres noch vorerst ohne eigene Leuchte ist, und er die ihn leitende Hand noch nicht erkennt...

Es wird hier kein Glaube von dir gefordert an eine Hilfe, die du nicht erproben könntest.

Wir fordern nur: — den Glauben an dich selbst, weil er auf deinem Wege dir unerläßlich ist...

Wenn du diesen Glauben dir errungen hast, und stetig auf dem Wege neu erringst, dann wirst du gar bald meiner Worte Wahrheit in dir selbst erfühlen!

Die Entdecker neuer Erdteile glaubten in ihren Herzen, die gesuchten Lande hinter weitgebreiteten Meeren zu finden, und sie fanden das, woran sie glaubten. —

So auch sollst du von dir selber glauben, daß du die Kräfte in dir trägst, die dich einst befähigen werden, die heiligen Wunder des verborgenen Tempels auf dieser Erde staunend in dir selber zu erleben...

Es ist dir vonnöten, an deine eigenen Kräfte zu glauben, weil dein Glaube ebendiese Kräfte in dir selbst ent-binden, aber auch in Fesseln schlagen kann...

Wozu du dich nicht vorher fähig glaubst, das wirst du nachmals schwerlich können! —

So auch wirst du aller Hilfe aus dem unsichtbaren Tempel unerreichbar bleiben bis zu jenem Tage, der den felsenfesten Glauben in dir findet, daß du die Kräfte in dir trägst, diese Hilfe zu erlangen. — — —

Karma

In beiden Reichen dieser physischen Welt: — dem sichtbaren, wie dem unsichtbaren, — trägt jede Tat auch ihre sichtbaren wie ihre unsichtbaren Folgen. — —

Jeder Willens-Impuls, jeder Gedanke und jedes Wort ist hier als „Tat" zu werten...

Du bleibst verhaftet an die Folgen deiner Tat, bis du deiner Seele Kräfte geeint, und dich mit ihnen Gott vereinigt haben wirst. — —

Dann erst wirst du deiner Taten Folge vernichten können, soweit du sie vernichten willst.

Vor undenklichen Zeiten warst du einst mit deinem Gott vereinigt, als ein rein geistiger „Mensch" in geistiger Gestaltung, einverwoben dem All-Leben wesenhaften, substantiellen „Geistes".

Auch alle die weiten Reiche des unsichtbaren Teiles der physischen Welt, — ein unermeßliches Gebiet des Universums, — waren dazumal deinem wirkenden Willen erschlossen, und du warst ihr Beherrscher...

Ein Feld des Wirkens war dir offen, das vom reinsten Geistigen hinaus in immer dichtere Gestaltung reichte.

So bist du bis an die Grenze gelangt, wo unsichtbares Physisches sich zu erdensinnlich sichtbarem Materiellen verdichtet.

Du hast die schreckenerregenden Mächte des ewigen Chaos am Wirken gesehen, — die Rückprallkräfte des absoluten, starren und lavadichten „Nichts", — und bist ihrem Groll gegen alles „Seiende" erlegen...

Niemals hättest du ihnen aber erliegen müssen, wärest du nicht vorher, im Taumel deiner Macht, von deinem Gotte — abgefallen. — —

So warst du hilflos geworden und hattest deine höchste Macht verloren.

Nun mußtest du zur Beute der niederen Kräfte werden, die, — stets in den Bereich der Rückprallwirkungen des absoluten „Nichts" gebannt, — in steter „Feindschaft" alles zu ver-nichten, alles dem „Nichts" gemäß zu wandeln suchen, was aus den Sphären ewig reinen Seins zu ihnen eindringt: — in ihre dunkle Wirkungs-Zone „fällt". — — —

Auch die Kräfte, die du ehedem bemeistern konntest, und mit denen du gar leicht die dir nun „feindlichen" Gewalten so bezwungen hättest, daß sie sich zu ehrerbietigen Dienern deines Willens umgewandelt hätten, waren dir zu groß, zu vielvermögend geworden...

So überkam dich Furcht vor deinen eigenen, einst beherrschten Kräften, und aus der Furcht vor ihnen kam dir das Verlangen nach einem neuen, anderen Leben, in den Reichen materieller Greifbarkeit, den Reichen dieses, physischen Sinnen faßbaren Universums, das jene ängstigenden Mächte dem, der nicht die hier gezogene Schranke bricht, verhüllt. — — —

Dein Wille war aus dem hohen Leuchten gefallen, und wollte nun mit dir in die Welt der physischen Materie...

Du warst in der „Welt der Ursachen" heimisch, — doch deine Furcht trieb dich in die „Welt der Wirkungen" hinaus. — — —

Das ist die Wahrheit in den Sagen von einem „Paradiese", und vom „Sturze" des Menschen durch einen „Sündenfall"! — — —

Vor diesem Sturze hast du dir bereits dein „Karma", wie der Orient den Ursachenstammbaum eines jeden Erdenmenschenschicksals nennt, — geschaffen, durch den „Grad" deiner „Abkehr" von deinem Gott, — durch den „Grad" deines tollen Taumels, der dich in dir selbst einen „Gott" sehen lehren wollte. — —

„Eritis sicut Deus....."

Die Zeit, da du in diese Erdenwelt geboren werden solltest, sowie die Abstammungslinie in der es geschah, und deines Erdenlebens Schicksalswege, hast du dir selbst bestimmt, als du aus einem Herrscher durch deines Gottes Kraft in der Geisteswelt, zum Sklaven niederer Gewalten wurdest, in einer Welt, die jeder Tat auch ihre „Folge" gibt und geben muß, da sie selbst nur Wirkens-Wiederspiegelung ist, und ohne Macht, die Kette des Geschehens in ihrem Bereiche willentlich zu beenden.

Auch daß du auf diesem Planeten hier geboren wurdest, ist Folge der Artung deiner ersten Tat in dem Bereich der Zwangesfolge, — denn wahrlich: — es gibt unzählige, von „Menschen" und auch äußerlich dem Erdenmenschtiere ähnlichen Wesen, bewohnte Planeten im unermeßlichen Raum, und du hättest auch auf einem anderen dieser Weltkörper deinen Tierleib finden können.

Alle die Menschenwesen auf den bewohnten Planeten anderer Sonnensysteme sind in gleicher Weise einst aus dem Leuchten „gefallen", wie du!

Es gibt weitaus glücklichere und tief unglücklichere unter deinen fernen, materiell verkörperten Gefährten...

Du darfst sie dir freilich nicht in monströsen Gestalten vorstellen, denn die Form des Erdenmenschtierleibes ist nicht aus einer Willkürwirkung nur auf unserem kleinen Sonnentrabanten entstanden, sondern durch gesetzliche Gegebenheiten bestimmt, die für das ganze, unermeßliche, physisch-materielle Universum gelten, und letzten Endes — geistigen Ursprungs sind...

Der „Fall" des Menschengeistes aus reiner, substantieller Geisteswelt in die Einwirkungszone des absoluten „Nichts", geschah nicht etwa nur in einer fernen Urzeit, sondern ereignet sich immerdar seit Ewigkeiten und in alle Ewigkeit, wie denn auch der physisch materielle Kosmos in all seinem steten Werden und Vergehen dennoch als Ganzes urewig, zugleich mit dem Reiche ewigen Geistes als dessen — „äußerste Gegenwirkung" besteht und bestehen wird...

Immerdar aber gibt es auch einige wenige Geistmenschwesen, die dem „Falle" nicht erliegen und ihren Gott in sich nicht „verlieren".

Ich sprach schon von ihnen, als von den „Ältesten", oder den hohen „Vätern" der Leuchtenden des Urlichts, und du sollst nun hier wissen, was dir zwar auch schon dein eigenes Ahnen sagen könnte: — daß sich das geistige Mühen dieser Nichtgefallenen, wie ihrer durch sie erzogenen „Söhne" und „Brüder" um die Er-lösung der in Tierheit verstrickten, dem Lichtkreis der Geisteswelt Ent-fallenen durchaus nicht etwa auf unsere Erdenmenschheit allein erstreckt...

Auf allen bewohnten Planeten des unermeßlichen Universums sind diese im bewußten Leben des substantiellen Geistes verbliebenen Helfer zu finden, und für jede dieser Welten erziehen sie sich aus den jeweils Gefallenen ihre geistigen „Söhne" und „Brüder", durch die sie auch hier auf dieser Erde dich nun zu erreichen suchen und aus deinen Nöten ziehen wollen.

Dein Ziel ist keineswegs, einer ihrer „Söhne" und „Brüder" zu werden, denn dazu wäre es jetzt zu spät, da solche Eignung sich schon alsbald nach geschehenem Fall, nur durch freien Willens-Impuls der Einzelnen ergibt, und alsdann „Erziehung" durch Jahrtausende erfordert, bei ebensolanger Zurückhaltung vor der Einkörperung in einen physisch-materiellen Menschtierkörper...

Man will nichts anderes von dir, als daß du heute, an deinem Erdentage, zur Erkenntnis kommen mögest, woher du ausgegangen bist und wohin du zurückkehren kannst. — —

Man will dir den „Weg" zu dieser Rückkehr zeigen.

Man will dich zurück zu deinem Gotte führen, mit dem du dich erneut vereinen sollst. — —

So tief du auch gefallen bist, so sind doch jene Kräfte, aus denen sich, — von ihrer chaotischen Wirkungsform bis zu ihrer höchsten Darstellungsart, — unablässig die Gottheit selbst gestaltet, in einer sehr hohen Wirkungsform in dir am Werke..

Immer noch blieb auch ein „Funke" geistigen Bewußtseins, wenn auch deinem Gehirnbewußtsein noch nicht verschmolzen, in dir verborgen zurück, als hoher Lenker dieser Kräfte, — und: — als dein „Gewissen"...

Du kannst diesen „Funken" nie verlieren, wie tief du auch noch in deinem Erdenleben sinken könntest!

Selbst wenn du seelisch ihm „erstorben" bist, muß er verhüllt dennoch in dir verharren, bis zu deinem letzten Atemzug...

Er ist es auch, und nur er allein, der dein „Karma" kennt...

Du kannst dieses „Karma" verbessern oder verschlechtern, — nur — auslöschen kannst du es nicht eher, als bis du die vielen Willen in dir geeinigt hast, die jetzt noch in dir chaotisch nebeneinander wirken. — —

Wenn sie sich alle in dem Funkenlichte geistigen Bewußtseins, das dein wahrer, substantieller, ewiger „Menschengeist" in dir ist, — vereinen, dann wird dein Gott aus Geist in dir „geboren", und dann bist endlich du befreit von deinem „Karma", — von deiner Urtat Folgenkette, — als ein neu zurückgekehrter Mensch der Ewigkeit. — — —

Wohl dir, wenn dies hier auf Erden schon dir gelingt!

Gelingt es dir nicht, dann wirst du, auch nach dem Ablegen dieses Erdenkörpers, nicht eher zu dir selbst in deine „Ruhe" kommen, als bis du deine Ruhe in deinem Gott gefunden hast, geeinter Seelenkräfte bewußt und ihr all-einiger Wille geworden...

„Dort" aber kann es gar lange währen, bevor du soweit bist, denn alsdann kannst du dein „Karma" nicht mehr verändern, nicht verbessern, — und eher wirst du keinesfalls dann ewiges Licht in dir erleben, als bis auch die letzte Folge deiner Ur-Tat sich erschöpfen konnte. — — —

Indische Weisheit warnt den Menschen, kein „neues Karma" zu schaffen, — und wahrlich ist solche Warnung wahrer Erkenntnis Frucht!

Du sollst nur wissen, daß die Mahnung dich allein vor üblem Karma warnen will! —

Nicht eher kannst du im Reiche des substantiellen Geistes deine Er-lösung finden, als bis der letzte erdverhaftete Impuls der einstmals von dir ausging, sich erschöpfte. — —

So suche denn mit allen deinen Kräften dich noch während deines Erdenlebens deinem Gotte zu vereinen, um aus seiner Kraft die Kette deines „Karma" zu durchschneiden, damit sie nicht einst durch Aeonen dich gebunden hält...

Krieg und Frieden

Wer die gestaltenden Kräfte in dieser Erscheinungswelt der physischen Materie einmal in ihrer furchtbaren Macht und in der unfaßbaren Einfachheit ihres unerbittlichen Willensstrebens erkannte, — den flieht allsobald die Oberflächentäuschung, als ob das sinnlich faßbare All nur „die Harmonie des Geistes" sichtbarlich verkörpere. — —

Betrachte die Schlupfwespe, die ihre Eier in den Leib der lebenden Raupe legen muß, damit die jungen Wespen durch den qualvollen Tod der Raupe zum Leben kommen, — und du wirst für alle Zeit geheilt sein von solchem Täuschungsglauben! —

Die Sinnenwelt ist Wirkung geistiger Urkraft in der geistigen Welt.

Um aber als geistige Welt in geistige Erscheinung zu treten muß die eine ewige Urkraft sich in unendlichfältigen Aspekten ihrer selbst in sich reflektieren, und, in jedem solchen Aspekt als Urseins-Element erstanden, sich jeweils in ihm solcherart behaupten, daß jedes eine Element nur sich selber auszuwirken sucht, so daß ihm alle anderen Urseinselemente gleichsam leere Formen sind, weil es sich selbst als Urkraft nur in sich selber kennt.

Jeder Aspekt der geistigen Urkraft: — jedes „Urseinselement", — wird somit Ursache, daß auch die Erscheinungsform seiner Auswirkung in der physischen Region den Trieb erhält, nur für sich selber zu leben und alle andere Erscheinungsform zur Erhaltung eigenen Daseins zu verbrauchen.

In jedem Urseinselement ist Urkraft unzerteilt, möge es Ursache niederster oder höchster Erscheinungsform in seiner Auswirkung sein.

So kommt es, daß auch jede physische Kraft, jede physische Erscheinungsform sich zu behaupten sucht, als sei nur ihre eigene und keine andere Existenz gewollt.

Die winzige Zelle behauptet nur sich selbst, auch wenn sie zeitweilig gezwungen ist, mit Milliarden ihrer Art gemeinsam einem höheren Formwillen dienstbar zu sein, dem ihr Dasein wieder nur insofern von Wert ist, als er sie braucht und verbraucht zur Behauptung seiner selbst.

— —

Das physisch-sinnlich sichtbare Universum ist der äußerste Gegenpol geistigen Seins.

Das „Leben" des Geistes bedingt unendlichfältige geistige Gestaltung in ihm selbst, in Urseinselementen, und deren Auswirkung wieder bedingt zuletzt die gleichsam „erstarrte" physische Erscheinungsform: — unendlich „ausgedehnte" Geisteskraft in einem Zustand des Gebanntseins, der relativen Ohnmacht, des Gebundenseins in starr bestimmten Formwillen...

Aus dieser ihnen ungemäßesten Form der Ausdehnung und starren Gebanntheit in äußerste Spannung aber erheben sich diese Geistkräfte wieder infolge mächtigster Anziehung aus der Region höchster Geist-Seinsform zu neuen, weniger dichten und starren Formen, bis sie, in unzählbaren Wandlungen, immer freier werden von Ausdehnungsspannung und schließlich sich emporgerissen fühlen in ihren Ursprungszustand im innersten Geistesleben...

Was wir aber physisch-sinnlich wahrzunehmen vermögen, sind nicht die Zustandsformen der Urseinselemente, sondern nur die durch sie erzeugten Kraftwirkungsresultate...

Innerlich wahrnehmbar jedoch werden uns die Urseinselemente in einer sehr hohen Zustandsform, als — unsere „Seelenkräfte"...

Dies ist der ewige, — ewig sich erneuende — Kreislauf des „Lebens" im substantiellen, aus sich selbst „seienden" Geiste!

Sich selbst zur „Nahrung" werdend, senkt er sich in sich hernieder, um sich wieder zu erheben und aufzunehmen in seine höchste, jeder starren Formspannung freie Wesenheit. — —

Nur durch dieses „ewige Leben" kann sich „Gott" im Geiste gestalten, — im geistigen „Menschen". — — —

Wäre der Grashalm am Wege nicht, und nicht der Wurm, der an des Grases Wurzel frißt, so wärest auch du nicht, und es wäre der Geist nicht und nicht Gott im Geiste!!

Wäre die Mikrobe nicht, die vielleicht morgen beginnen mag, deinen Körper zu zerstören, — dann wäre auch dein Körper nicht, und nicht deine Seele, und nicht der Geistesfunke, der sich in dir erlebt!!

Dann aber wäre auch nicht der Wille des Geistes, der einst in deinem Geiste als dein Gott gestaltet war und nun aufs neue sich zu deinem Gott in dir „gebären" will!!

Doch so sehr auch die Kräfte im physischen Universum gegeneinanderwüten in ihrem Selbstbehauptungsdrang, so kennt Natur doch keinen „Haß". —

Es ist töricht, den menschlichen Haß dem Instinkte der Tiere zu vergleichen, die andere Tiere zu vernichten streben, weil sie, — wie jede Form in deren Darstellung sich Urseinselemente erleben, — allein nur sich selbst behaupten wollen.

„Haß" dagegen ist eine Äußerung menschlicher hilfloser Ohnmacht!

Nur in Übertragung menschlicher Empfindungsweise lassen sich Äußerungsformen des Angriffstriebes gereizter Tiere mit dem Namen „Haß" belegen, und unschwer läßt sich erkennen, daß jeder im Irrtum ist, der die gleiche Empfindung, die man beim Menschen Haß nennt, etwa bei Tieren zu finden glaubt.

Selbst in die unsichtbaren Bereiche der physischen Welt hat der Mensch den Haß gebracht, denn auch seine ärgsten anderen Feinde im physischen Unsichtbaren vermögen nicht das Gefühl des Hasses zu empfinden, und ihr dem Menschen feindliches Bestreben geht aus sehr wesentlich anderen Motiven hervor...

Die furchtbarsten Unholde im physischen Unsichtbaren waren ehedem Erdenmenschen, die sich durch ihr Erdenleben selbst „gerichtet" haben.

So hoch sie ehedem sich geistig erhoben hatten, so tief sind sie unter den Erbärmlichsten der Erdenmenschen nun gesunken.

Aeonen können vergehen bevor sie endlich in Vernichtung enden dürfen, — doch vorher suchen sie zu sich herabzuziehen, was immer ihrem Haß erreichbar wird...

Auch diese unsichtbaren Selbstgerichteten werden nur durch das Empfinden ihrer Ohnmacht zu ihrem grauenvollen Haß erregt. —

Macht aber ist die erhabenste Besiegerin des Hasses...

Der Mächtige und seiner Macht Bewußte, liebt seine Macht, und sie macht ihn allmählich auch zu einem Liebenden.

Liebe aber duldet keinen Haß!

Je mehr die Menschheit in ihren Einzelgruppen die man „Völker" und „Nationen" nennt, zum Bewußtsein ihrer Geistesmacht erwachen wird, desto mehr wird auch der Haß verschwinden, denn der seiner Macht Bewußte, beneidet keinen anderen Mächtigen um seine Macht, — Neid aber ist nur allzuoft des Hasses höllischer Erwecker...

Alle Kriege haben den Haß zum Vater, und der taugt nicht zum Krieger, der nicht zu hassen weiß. — —

Ihr ruft noch: „Krieg dem Kriege!" — — doch ich rate euch, lieber zu rufen:

„Verachtet sei hinfort der Haß!"

Nur wenn der Haß verächtlich wird, kommt auch die Zeit, die euch den Krieg verachten lehrt! — — —

Erst wenn euch Jeglicher verächtlich ist, der noch durch Menschen-Massenmord entscheiden lassen will, was Grund und Gegengrund vor dem Verstand der Rechtlichen entscheiden sollte, — erst dann wird sich der Mensch der Erde seiner „Menschenwürde" rühmen dürfen!

Wohl werden in den Meinungen der Menschen immer Gegensätze sich ergeben, denn auch hier steht Wille gegen Wille, und jeder Wille will allein sich selbst behaupten.

Aber im Menschengeiste ist der Wille fähig, sich auch im anderen Willen wiederzuerkennen, und somit kann der Mensch bewußt den Ausgleich suchen, der den Frieden wahrt durch Zucht des Willens, der dann nicht mehr sich allein nur, sondern auch den anderen Willen will. — — —

Bevor jedoch nicht jeder Einzelne den Haß in sich vertilgte, wird dieser Weg der Willenszucht der Menschheit immer nur auf kurze Strecken gangbar bleiben. —

Die Folge werden immer wieder Kriege sein, bis auch die letzte Spur des Hasses keine Stätte mehr in einem Menschenherzen findet. — —

Alle anderen Triebe zum Kriege lassen sich bei gutem Willen überwinden, die Wogen des Hasses aber werden auch den besten Willen in ihre Strudel und Abgründe reißen...

Gegensätze und Wettkämpfe zwischen Grund und Gegengrund entwickeln mancherlei Kräfte und fördern fliessendes Leben, — doch müssen sie wahrlich nicht zum Kriege führen, so wenig wie jemals der Sieger im Spiel seinen überwundenen Gegner erschlagen muß. — —

Ein jeder Erdenmensch aber, der den Haß in sich zu vernichten sucht, führt damit den einzigen „gerechten" Krieg, — den Krieg der Menschenmordkriege einst unmöglich machen wird! — — —

Doch auch der Mordkriege endliche Überwindung durch den Menschengeist kann nicht bewirken, daß sich die Gegenkräfte, die in aller physischen Natur am Werke sind, zu gleicher Strebensrichtung einen könnten, denn solche Einung wäre die Vernichtung dieses ganzen äußeren Universums...

Das Reich des „ewigen Friedens", das so viele edle Menschen in der Zeiten Folge heiß ersehnten, wird uns Menschengeistern erst beschieden sein, wenn wir, — nach diesem Erdenleben, — uns erneut in jenem Lichte finden, das alles ewig in sich eint, was einst mit ihm vereinigt war. — — —

Die Einheit der Religionen

In allen religiösen Lehren der Welt findet sich im Kern: — die letzte Wahrheit, — wenn dieser Kern auch oft gar wunderliche Hüllen trägt...

Müßig, eitel und belanglos ist es, darüber zu streiten, wo etwa die Wahrheit noch am reinsten sich erkennen lasse.

Wer alle Hüllen sorglich zu entfernen weiß, der wird in allen echten „Religionen" zuletzt die große Lehre finden vom ewigen Geistesmenschen, der einst mit seinem Gott vereinigt war und von ihm ab-gefallen ist, weil er in seinem „Ich" von seinem Gott sich löste. —

Ein „Weg" wird ihm verkündet, der ihn wieder aufwärts führt, um schließlich seinen Gott aufs neue wieder zu erlangen, in sich selbst, im eigenen „Ich". — —

Da diese Lehre aber viel zu geistig und viel zu einfach ist, als daß sie dem in komplizierten Sinnenkult versunkenen Menschen leichthin faßbar wäre, so band er selbst die wunderlichsten Ranken um diese letzte, tiefste Wahrheit und Erlösungslehre, bis er vor lauter Rankenwerk, voll von Früchten angemaßter Wichtigkeit, zuletzt die Wahrheitslehre selbst nicht mehr zu finden wußte. — —

Er ahnt zwar noch, daß hinter diesem Rankenwerk und seinen aufgeblähten Früchten voreinst einmal die Wahrheit sichtbar war, und darum hängt er noch mit zähem Eigensinn, den er „seinen Glauben" nennt, an all den Rankenformen, mit denen er die Wahrheit vormaleinst verhüllte, — von denen er sie völlig überwuchern ließ...

In vielen hohen Lehren alter Religionen wird man auch immer wieder auf gar mancherlei Weise verhüllte Kunde finden, von einigen Geistesmenschen, die nicht dem Fall ins Finstere erlegen sind, und irgendwie auf dieser Erde wirken, als hohe Helfer ihrer Brüder in der Finsternis, um sie aus ihrer Erdentierheitsfessel wieder zu er-lösen...

Die alten religiösen Sagen wissen zu berichten, wie diese Geisteshelfer ihrer Menschenbrüder dann und wann auch sichtbar in Erscheinung traten, oder wie sie unter den „Gerechten" ihre Abgesandten wählten, die ihrerseits in ihrem Erdenumkreis dann das „Licht" verbreiten sollten unter denen, die in Finsternis sich ängsteten...

Es fällt gar oft das Wort von einem Heiligtum auf hohen Bergen, — vom Berge des Heils, und von den „heiligen" Bergen, von denen her Hilfe komme...

Wohl sind nun zwar solche und noch gar manche andere hochbedeutsamen Worte in den heiligen Büchern aller alten Religionen zu finden, allein man weiß nicht mehr was sie uns sagen wollen, faßt sie als allegorische Redebilder, oder bestenfalls als symbolisch gemeint, und deutet so das Deutliche zu selbsterzeugtem Irrtum aus. — —

Aber die Weisheit aller alten Religionen entstammte ursprünglich nur der Belehrung des Menschen durch seine geistverbliebenen hohen Brüder im ewigen „Lichte"...

Ihre, aus Erdenmenschen erwählten „Söhne" und „Brüder" im Geiste haben die eine Wahrheit voreinst in den verschiedensten Formen zu fassen gesucht, um jeder Sonderart des Erdenmenschen in der ihr gemäßen Weise das „Licht" zu bringen...

Ihre helfende Kraft hat alle diese Verkündungen getragen...

Hier ist die eine „Urquelle" aufgedeckt, aus der alle alten, echten Religionen der Erdenmenschheit stammen! — — —

Wo aber sind dieser Religionen heutige Lehrer, die noch wissen, was sie mit den Worten alter Texte sagen??! — —

Aber auch heute noch leben wie ehedem die hohen Geisteshelfer: — unsere nichtgefallenen Brüder, — auf der Erde, geistgestaltet in urewiger Geistsubstanz, und auch heute weihen sie wie vor alten Zeiten in die Dinge geistigen Geschehens und in die letzte urgegebene Wahrheit ein, wen sie nach seinem Falle aus dem Lichte alsbald willens fanden, ihnen „Sohn" und „Bruder" dereinst zu werden in der Sichtbarkeit...

Der Erdenmensch ist viel zu tief gefallen, als daß er ohne Zwischenstufe den höchsten, nie gefallenen Geisteshelfern noch erreichbar wäre. — —

Darum vor-bereiten sie die Menschengeister, die ihnen nach der irdischen Geburt, im Erdenleib verkörpert, solche „Zwischenstufe" bilden können...

In ihnen und durch sie wirken jene höchsten Helfer, damit die Menschheit dieser Erde niemals ohne ihre Hilfe bleibe. — — —

Es hat keine Zeit gegeben, in der solche helfende, wirkende Brüder im irdischen Leibe nicht vorhanden gewesen wären.

In allen Völkern waren sie zu finden.

Wer Ohren hat, zu hören, der wird so manches Wort aus allen Zeiten vernehmen, das „Fleisch und Blut" nicht hätte offenbaren können...

Wer zur Wahrheit gelangen will, höre auf solche Worte!

Sie werden ihm manches Geheimnis deuten, — und manche Hülle entfernen, die seinem Erkennen noch letzte Weisheit verbarg. — —

Es kostet auch wenig Scharfsinn nur, die falschen Propheten, die auf den Märkten schreien und doch so kläglich Weniges zu sagen haben, von den stillen Wirkenden, den Brüdern der Leuchtenden des Urlichts, zu unterscheiden.

Wo eine neue Sekte, die sich auch stolz eine neue „Religion" nennen mag, auf irgendwelchen alten Tempeltrümmern aufgerichtet wird, dort dürft ihr wahrlich niemals wähnen, die Leuchtenden des Urlichts könnten hinter solchem Tun verborgen sein! —

Weit eher könnt ihr die Fürsten des Abgrunds im Unsichtbaren dieser physischen Welt: — die Hörigen und Vasallen des „Fürsten der Finsternis", bei solchen Gründungen am Werke glauben, auch wenn eitel „Liebe" gepredigt wird und viele salbungsvolle, „große" Worte weithin schallen...

Was aber die Wirkenden des Lichtes euch zu geben haben, kommt heute, da ihr euch vor „Religionen" und vor alledem, was ihr so nennt, kaum mehr erretten könnt, gewiß nicht als „neue Religion" zu euch!

Es ist jedoch die gleiche Wahrheit, die in dem tiefsten Kern der alten, echten Religionen schlummert. — — —

Man schält euch nur die Hüllen ab von diesem Kern, und zeigt euch, was ihr längst als „Religion" nicht mehr zu deuten wißt, in neuen, deutbar klaren, eurer und der Folgezeit gemäßen Bildern, so daß ihr wieder euch in Ehrfurcht neigen könnt, vor dem, was alle echten Religionen in sich bergen. — —

Die „nackte" Wahrheit kann euch auch kein Leuchtender des Urlichts zeigen!

Die müßt ihr selbst enthüllen in der Stille, — in euch selbst. — — —

Nur in euch selbst kann höchstes Wunder sich in Wirklichkeit bezeugen!

Nur im eigenen „Ich" könnt ihr einst wiederfinden, was ihr vor eurer Erdenzeit verloren habt! — — —

Ihr seid nicht nur die mit höherer Intelligenz begabten Tiere dieser Erde, als die ihr euch betrachtet nach eurer äußeren Natur und eurer Geschichte. — —

In euch ist Tieferes und Höheres verborgen. —

Ihr seid gewohnt, euch selbst zu meinen in dem Wörtchen „Ich".

Noch aber wißt ihr nicht, was „Ich" ist in euch selbst, — — denn „Ich" ist unendlich und in unzählbaren Stufen wachen Seins erlebbar...

Jede solche „Stufe" wird in aller Ewigkeit stets eine neue, höhere Erlebnisstufe über sich gewahren...

Jede solche „Stufe" sieht unzählbar viele Stufen unter sich, hinab, in tiefste Tiefen eingebaut...

Ihr aber lebt noch wie die Tiere, die das „Ich" nicht in sich tragen, — wenn auch euer Leben wohl mit „Wissenschaft" und „Kunst" verbrämt, und euer Dasein mit Genuß schon reichlich übersättigt ist.

Wenn ihr euch selbst einmal erkennen werdet, dann könnt ihr nur mit Grauen und mit Schaudern noch der Tage euch erinnern, die ihr heute arglos und gar leichten Sinnes lebt, als ob in ihnen alles Sein für euch allein beschlossen wäre...

Der Wille zum Licht

Ich weiß, daß Viele diese Worte lesen werden, denen eine Welt darin sich offenbart, die ihnen allzufremd erscheint, und die ihr eigenes, mit Scharfsinn aus-gedachtes, oder eigensinnig wahr- „geglaubtes" Weltbild stört, so daß sie feindlich von sich weisen, was — „nicht ganz von ohngefähr" — sie hier erreicht.

Daß sie ihr feindlich gegenübertreten mögen, wird jedoch die Wirklichkeit wohl schwerlich hindern, so zu bleiben, wie sie einmal ist und immer war und sein muß. — —

Man möge sich nicht täuschen!

Hier redet kein Phantast, der seine Ekstasenträume schildert!

Hier redet kein Poet, der seine Gesichte beschreiben will!

Was hier gegeben wird, ist sichere Führung, und jedes Wort ist in tiefster Wirklichkeit gegründet!

Wer diese Wirklichkeit bislang noch nicht erkennen konnte, kann sie erkennen lernen, und der „Weg" zu solcher, alles andere „Erkennen" weithin überragenden und in sich einbeziehenden Erkenntnis ist ihm hier gezeigt. —

Jeder aber wird gut tun, von allem Anfang an damit zu rechnen, daß die in diesem Buche von so mancher Seite her durchlichteten Urdinge geistigen Geschehens, Wirklichkeiten sind, — viel „wirklicher" als alles, was der Sprachgebrauch des Alltags „wirklich" nennt, — und daß sie ihre Wirkung ständig üben, auch wenn der Erdenmensch noch nichts von ihnen weiß, — auch wenn er nicht ihr Wirken anerkennen möchte...

Gewiß wird das für manchen, der hier nun von diesen Dingen hört, auch Konsequenzen nach sich ziehen, allein, er nutzt ja nur sich selber, wenn er die „Wirklichkeit" an sich erkennen lernt und daraufhin gewiß nicht mehr im Zweifel bleibt, daß das, was er bisher sein „Weltbild" nannte, eben nur ein Trugbild war, auch wenn es ihm sehr „wahr" erschien, da er dem Außen-Schein vertraute, — auch wenn er seines Denkens Spiegelungen schon vom Innersten heraus erleuchtet glaubte. — — —

„Stillstand ist Rückschritt" sagt ein Sprichwort, — aber in Wahrheit ist Stillstand viel schlimmer als Rückschritt, denn auch Rückwärtsschreiten kann zu neuen Werten führen, die niemals der erlangt, der zu gemächlich oder auch zu eigensinnig ist, seinen „Standpunkt" aufzugeben um des Suchens willen. — —

Wer aber den Rückschritt fürchtet, hat zugleich auch allen Grund, dem Fortschritt nur mit einigem Argwohn zu vertrauen...

Es gibt keinen unbegrenzten Fortschritt hier auf Erden!

Alle menschliche Entfaltung ist dem Gesetze der Wellenbewegung unterworfen! —

Die Menschen dieser heutigen Tage haben vieles Wissen und Können verloren, das einst ihre fernen Vorahnen „unverlierbar" glaubten, — und dort, wo jene Ahnen nur sehr weniges wußten, nur sehr weniges konnten, hat man heute hohes Wissen und Können erreicht.

Nur duldet die Natur kein Stillestehen!

„O, daß du warm wärest, oder kalt! — Da du aber lau bist, will ich dich ausspeien aus meinem Munde!"

So hat das ewige „Gesetz" noch zu allen Zeiten gesprochen, und auch heute hat es seine Worte nicht geändert...

Wer geistig im Dunkel bleibt, der hat noch nicht den Willen zum Licht!

Er „möchte" wohl im Lichte sein, von dem er Andere reden hört, — allein er will noch nicht!

Sobald er wahrhaft will, ist auch der „Weg" bereits beschritten, der zum Lichte führt! —

Ist dir des Geistes Licht ein „Wert" für den du alle deine Kraft zum Einsatz bringen willst, dann wirst du sicher auch dem Lichte dereinst nahen können!

Solange freilich noch dein geistiges Auge unter einer dichten Decke liegt, wirst du unmöglich „sehen" können!

Dein Wille nur, — nicht dein „Wunsch", — kann diese dicke Decke entfernen! — —

Wenn du den Willen zum Lichte in dir trägst, wirst du gewiß zum Lichte gelangen, — ob du ihm nun als Mensch der kühlen Vorsicht, oder als ein heiß Erglühender dich nahen magst. — —

Nur halbes Wollen führt dich nicht zum Ziel!

Es ist in allen Weltenräumen und über allen Sternen kein äußerer Gott für dich erreichbar, der deine lahmen Bitten hören würde...

Du mußt dir selber helfen wollen, willst du, daß dein Gott, der nur in dir selber dir erreichbar ist, dir hohe Hilfe sende, nach der urbestimmten Ordnung die in ihm geordnet ist! —

In deinem „Ich" ist alles Sein beschlossen, und allen Schein erschaffst du dir nur selbst und unbewußt aus Kräften deines „Ich". — — —

Du hast dich selbst vor deiner Erdenzeit von deinem Gott getrennt, als du ihn nicht mehr in deinem „Ich" erkanntest, weil du dich selber suchtest, wo — dein Gott allein zu finden war...

So wurde „Gott" dir ein „Anderer" und du ihm „fremd". — — —

Nun spaltest du dein „Ich" für deine Vorstellung, und es scheint dir ein „höheres" wie ein „niederes" „Ich" in dir verborgen, da du den Umfang deines ungeteilten, unteilbaren einen „Ich" nicht kennst. —

Es ist jedoch kein „höheres" und kein „niederes" Ich in dir, aber in deinem einen „Ich" ist alle Unendlichkeit verborgen, und es umfängt die tiefste Tiefe, wie die höchste Höhe in der Geisteswelt...

Du selbst mußt wählen, — und du „wählst" hier nur durch Tat, — was du dir selber offenbaren willst in deinem „Ich"...

In deiner eigenen Unendlichkeit, — im Mittelpunkte des von deinem „Ich" umfaßten Seins, — wird dir aufs neue dann dein Gott „geboren" werden! — — —

Auch dann wirst du zuerst ihn noch als anderes Sein empfinden, bis du sodann erkennst, daß er dich selbst in deinem ganzen ungeteilten „Ich" umfaßt. — — —

Die hohen Kräfte des Erkennens

Ihr glaubt an euren „Fortschritt" und bemerkt nicht, daß ihr euch zumeist im Kreise dreht. — —

Ruhelos seid ihr bestrebt, alles zu zerfasern, alles zu zersplittern, alles zu zerspalten, — und da sich gewiß nicht leugnen läßt, daß ihr auf solche Weise manches Wissen euch erworben habt, so scheint es euch gewiß zu sein, daß euer Tun dereinst zur Lösung aller Rätsel dieser sinnlich faßbaren Natur euch führen müsse.

Aber: — alles Zerspaltene wird sich ins Unendliche weiter zerspalten, alles Zersplitterte ins Unendliche weiter zersplittern lassen, und immer wieder werdet ihr entdecken, daß sich aus dem, was ihr in seine letzte Faserung zerfasert glaubt, noch neue Fasern lösen lassen ...

Hier ist die Grenze eures Forschens nur durch erdenhaft bedingtes Unvermögen, weiter zu zerspalten, weiter zu zersplittern, weiter zu zerfasern, festgesetzt. —

Der Zwang des Aufhörenmüssens bestimmt eure Forschungsresultate!

Ich weiß wahrhaftig, was die Menschheit solcher Art des Forschens dankt, und ferne liegt es mir, die Weise eures Denkens hier etwa zu schmähen.

Allein, — ich sehe auch die Schattenseite solchen Tuns und sehe, daß ihr euch durch eure Forschungsresultate blenden laßt, wodurch ihr einer anderen und wahrlich wichtigeren Art des Forschens mehr und mehr euch selbst entrückt...

Ihr habt auf eure Weise Staunenswertes schon entdeckt, Bewunderungswürdiges erfunden.

Das aber sollte euch nun nicht verführen zu dem allzusicheren Überglauben, daß sich so auch einstens zur Erkenntnis kommen lasse, in Bereichen die für alle Ewigkeit mechanischer Zerlegung spotten und mit keinem Instrument zu fassen sind. — —

Wenn euch die kleinsten Teilchen eines physischen Gebildes endlich faßbar wurden, so ist gewiß die Möglichkeit errungen, daß der Verstand nun aus mechanischen Gegebenheiten seine Schlüsse ziehen, und daß so letzten Endes sich Bedeutsames für unser äußeres Erdenleben finden, entdecken und er-finden lassen kann.

Jedoch des so enträtselten Gebildes ursprünglichste Wesenheit ist euch so fremd geblieben wie zuvor. — —

Alle Anerkennung eurer Arbeit und den Resultaten, die sie reifen lassen kann; allein — dem „Ding an sich" seid ihr nicht näher, auch wenn ihr alle Dinge dieser Sichtbarkeit in ihren allerkleinsten Teilchen, und dieser Teilchen wundersame Anordnung erkennt, — wenn ihr um jede Wirkungsweise dieser Teilchen wißt und ihre Kräfte so zu dirigieren lernt, daß sie nach eurem Willen wirken müssen...

Nicht unter dem Mikroskop ist das „Ding an sich" zu finden, und niemals wird ein Fernrohr euch verraten, was ein fernes Weltgebilde „in sich selbst zusammenhält". — — —

Der Trieb zum Forschen ist euch eingeboren und erheischt Befriedigung.

Ihr habt jedoch nur das feinere „Tier" an euch mit der Arbeit des Forschens betraut, und laßt die hohen Kräfte eurer Seele, die euch hier dienen könnten, achtlos in euch im Dämmerdunkel, ohne sie zu entwickeln...

So baut sich das „feinere Tier" nun seine Denkvehikel und sichtbaren Instrumente, um euer Denken und Forschen ins Unendliche zu verbreitern, — doch eure Resultate führen nur zu neuen Fragen, vor denen ihr dann ratlos stehenbleiben müßt...

Wohl aber gab es in der Vorzeit Menschen, denen eure Art zu forschen nur als Torheit galt, und die mit ihren höchsten und in sich geeinten Seelenkräften, ohne euren Apparat die letzten, tiefsten Fragen lösten. — —

Sie fanden hin zum Grunde aller Gründe, — doch ihr — verbreitert nur die Oberfläche. — — —

Ihr wißt von allen Dingen klug zu sagen, wieso sie also sind wie sie sich zeigen, weshalb ihr Wirken einmal sich ergibt, ein andermal versagt, und manches Andere mehr, — doch niemals dringt ihr zu den letzten Gründen vor, denn was ihr „Gründe" nennt, sind immer nur die Wirkungen von

Ursachen, und hinter diesen liegen erst die wahren Gründe, die keiner von euch aus Erfahrung kennt...

Die Kräfte der Seele aber, — wenn ihr sie aus eurem „Ich" heraus beherrschen lerntet, wie sie beherrscht sein wollen, — werden euch auch die letzten Gründe erhellen, denn sie sind mit ihnen gleicher Art, wenn auch nicht gleicher Wirkungsform...

Erweisbar wird diese Art von „Gründen" freilich jenen nur, die selbst bereits der Seele Kräfte zu gebrauchen wissen, — während eure Beweise immerhin leichter zu erlangen sind, obwohl sie auch nur dem verstehbar werden, der die Voraussetzungen sich erworben hat, auf denen die Beweise eurer Art beruhen.

Jede Kraft wird nur entwickelt durch Betätigung.

Wenn ihr daher eurer Seele Kräfte nicht schon in kleinen Dingen anfangs zu benützen wißt, werden sie niemals so erstarken, daß sie euch ihre hohen Wunder offenbaren können.

Es gibt hier vieles zu erkennen, was wahrlich lohnen würde, daß ein Mensch sein Leben lang, und wenn es hundert Jahre hier auf dieser Erde währen sollte, darum dient...

Doch müßt ihr erst einfach werden wie die letzten Dinge selbst es sind, bevor sich das Einfachste euch entschleiert...

Ihr seid im Denken viel zu kompliziert geworden, als daß ihr ohne „umzulernen", Wirkliches im tiefsten Sinn erfassen könntet. — — —

Hier möge euch die allen zugängliche irdische Erfahrung Belehrung bieten:

Vieles erschien euch vor noch nicht langer Zeit als „wüster Aberglaube", — bis euer eigenes Forschen euch erkennen ließ, daß solchem Aberglauben doch ein Erkennen zugrunde lag, das euch vorher verschlossen war, während sehr einfach denkende Gehirne es zu erreichen wußten. — —

Jeder wird Beispiele genug zur Verfügung haben, so daß ich es wohl unterlassen kann, hier solche aufzuführen.

So ist auch vieles heute noch in Sage und Mythe, im Glauben der Völker, und selbst in manchem ausgesprochenen „Aberglauben" des Volkes verborgen, was einer späteren Zeit dermaleinst als reifste Erkenntnis zutagetreten wird. —

Daß es heute noch nicht von denen erkannt wird, die es „wissenschaftlich" auf ganz anderen Wegen suchen, liegt an der ungeheuerlichen Kompliziertheit unseres landläufigen, „berufsmäßigen" Denkens, das sich zu einfachen Vorstellungen nicht mehr bequemen will, weil es sich nicht mehr dazu bequemen kann, ohne den allergrößten Teil seiner einstigen Schulung, — und sei sie auf einer „Volksschule" nur erfolgt, — zu vergessen. — — —

So sind denn viele Dinge äußerem Forschen oft wie „versiegelt", und mühsam nur wird weniges davon erkannt. —

Den Kräften der Seele aber, sofern sie genugsam entwickelt sind, kann nichts von alledem verborgen bleiben.

Es steht bei euch, ob eure Enkel erst in späteren Tagen, und gezwungen sich den Tatsachen die ihr erkennen könntet, beugen sollen, oder ob ihr ein Wissen ihnen hinterlassen wollt, das sie nicht erst berichtigen müssen ...

Auch jede, in Sage und Aberglaube versunkene Wahrheitskunde stammte in ihrem Ursprung einst von Menschen, die ihrer Seele Kräfte zu gebrauchen wußten, aber das innere Dunkel in denen, die nach ihnen kamen, ließ diese nicht mehr erfassen, was gegeben war, so daß die ursprüngliche Wahrheit bald mit wildem Unkraut wirrer Tagesträume überwuchert war, und nun kaum noch aus der Überwachsung rein hervorzulösen ist. —

Beharrliches und vertrauensvolles Suchen in der Seele wird aber jedem Suchenden den gleichen Brunnen öffnen, aus dem einst die Weisen ferner Vorzeit in sich schöpften, so daß er alsdann mit aller Klarheit in sich besitzt, was unter der Überwucherung des Aberglaubens kaum noch zu erkennen ist, was ihm aber dann, aus eigenem Wissen her erkennbar wird. — —

Doch, ohne beharrliches Suchen im eigenen Innern, — mit gleichem Mute und gleicher Ausdauer geführt, wie ihr heute noch nach Außen sucht, — wird euch niemals offenbar werden können, was jene

Kräfte vermögen, die in euch selbst verborgen sind. — —

Ihr seid Bewahrer höchster „Wunderkräfte", — derweil ihr euch im Äußeren bemüht um dürftigen Gewinn!

Die hohen Kräfte des Erkennens, auf die ich hier den Sinn zu lenken suche, sind in jedem Menschen, — allein sie schlafen einen tiefen Schlaf, bis sie der Eigner in sich selbst erweckt und seinem Willen eint...

Die meisten Menschen rüsten sich zum letzten Schlafe, ohne je auch nur geahnt zu haben, welche Schätze ihre Seele ihnen bot...

Wohl dem, der ihre Kräfte des Erkennens noch zur rechten Zeit in sich zu wecken weiß!

Er wird sein wahres Leben hier schon auf der Erde finden und sein Unsterbliches schon hier im Sterblichen erkennen. — — —

Das aber ist aller geistigen Belehrung Endzweck, denn was sollte es nutzen, hier von Geistigem zu reden, das uns ewiglich erhalten bleibt, — wäre dieses Geistige der inneren Erlebensfähigkeit des Erdenmenschen so entrückt, daß er es während seines Erdenlebens doch nicht fassen könnte! -- —

Nur das, was hier im Irdischen uns schon Erlebnis wurde, kann uns geleiten, und uns neues Leben deuten, wenn wir dieses Irdische dereinst verlassen werden!

Vom Tode

Wir stehen hier vor dem dunklen Tore, durch das die Menschen schreiten müssen, wenn sie dauernd von der Erde scheiden.

Vieles wurde dir verheißen, und vieles wurde dir angedroht, was hinter diesem Tore liegen soll.

Ich weiß nicht, welcher dieser Lehren du deinen Glauben schenken magst?

Alle aber werden, — durch alltägliche Erfahrung gezwungen, — in dem einen Punkte einig sein, daß niemals du in diesem deinem heutigen Erdenkörper wiederkehren kannst, sobald du ihn einmal verlassen hast. —

Viele sagen dir, du würdest wiederkommen in einem neuen Leibe, zu einer späteren Zeit, und sie haben sich herrliche „Regeln" erdacht, nach denen sich die Zeit deiner Wiederkehr in einen Erdenleib bestimmen soll.

Andere lassen dich mit dem Tode deines Erdenleibes auf immer vernichtet sein, da sie dem Augen-Schein allein vertrauen, der ihnen nach dem Tode eines Erdenmenschen nur eine starre „Leiche" zeigt, und daneben nichts aus dem sie schließen könnten, daß dieser Mensch noch irgendwie im Leben sei.

Es irren beide Glaubensweisen!

Du selbst kehrst schwerlich wieder, aber niemand weiß, wie viele deiner Seelenkräfte du dereinst, mit dir vereinigt, dir erhalten kannst, wenn du aus diesem Erdendasein scheidest.

Die du hier dir nicht geeinigt hast, wirst du verlassen müssen, gleich dem Körper dieser Erde, und so wie dieses Erdenleibes dann aus ihrer zeitweiligen Form gelösten Kräfte alsbald in anderer Lebensformen übergehen, so werden auch die von dir zurückgelassenen Seelenkräfte sich einen anderen Bereich ihrer Wirksamkeit suchen in einem Erdenmenschen.

Auch in dir sind heute viele Seelenkräfte am Werke, die einst in anderen Menschen, vor deiner Erdenzeit, wirkten.

So könnte man die Erdenmenschen mit Fug und Recht unterscheiden, in „seelisch Jüngere" und „seelisch Ältere", je nach der Zeitdauer, die ihre Seelenkräfte bereits in früheren Menschen am Werke sah...

Unter den Menschen, die heute zu gleicher Zeit auf Erden leben und die gleiche Anzahl Jahre zählen seit ihrer irdischen Geburt, gibt es viele mit weit „jüngeren" Seelenkräften als sie der Mehrzahl eigen sind, und ebenso nicht wenige mit weitaus „älteren" Seelenkräften...

Jeden dieser Sonderfälle wird man schon im äußeren Leben daran erkennen können, daß der betreffende Mensch überraschend anderes empfindet als die größte Zahl seiner Mitmenschen und Altersgenossen, — daß er gleichsam aus seiner Zeit „herausfällt", und entweder Neigungen zeigt, die einer kaum vergangenen Zeit entsprochen haben würden, oder solche, die einer lange zurückliegenden Kulturepoche gemäß sich auszuwirken suchen, was nicht ausschließt, daß beide Arten in der ihrem Erdenleben gegebenen Zeit durchaus dieser Zeit gemäß zu wirken, und ihr oft hohe Werte zu vermitteln wissen...

Die Fülle der Kräfte, die jeweils deine „Seele" bilden, wechselt immerdar, solange du im Erdenleibe lebst.

Bald sind es mehr, bald weniger Seelenkräfte, die in dir wirken...

Du wirst auch kaum einen von dir als „seelisch nahestehend" empfundenen Menschen durch den Tod für diese Erdenzeit verlieren, ohne ein „Erbe" seiner Seelenkräfte zu empfangen, — denn außerordentlich selten sind jene Menschen, die alles, was sie an Seelenkräften in sich zur Wirkung kommen sahen, in sich geeint, und selbst vereint mit ihrem Gott, in ihr nachirdisches Leben mit „hinübernehmen" können...

Die meisten, der Erde „Sterbenden", lassen ein reichliches „Erbe" zurück. —

Für das geistige Auge ist deine „Seele" eine leuchtende, lebendige „Wolke", aus unzählbaren strahlenden „Punkten": — deinen Seelen-Kräften, — gebildet, und diese Lichtwolke ist in steter Veränderung, solange du auf Erden lebst...

Aber nicht die gewaltige Fülle deiner Seelenkräfte macht den „Reichtum" deiner

Seele aus, sondern die Einigung der in dir tätigen Seelenkräfte in deinem „Ich", in deinem geistgezeugten Willen. — —

Du wirst dir nur jene Seelenkräfte zu dauerndem Besitz erhalten, die du in dir geeinigt haben wirst, wenn deine Stunde des Abschiedes von diesem Erdenleben kommt...

Hast du dich nicht auf Erden hier mit deinem Gott vereinigt, dann wirst du auch nach deines Erdenkörpers Tod noch nicht mit ihm vereinigt sein!

Du wirst dann als „Ich" im allumfassenden Geiste leben, in deiner substantiellen geistigen Form, und je nach dem, was du im Erdenkörperleben dir an Geistigem erwirktest, wird diese Form gebildet sein, und wirst du Macht besitzen, in ihr dich auszuwirken...

Unter hoher Leitung wirst du weiterschreiten auf deinem „Wege", bis sich dereinst dein Gott in dir gestalten kann...

Aber es wird alsdann die Zeit bis zu dieser Vereinigung wie eine „Ewigkeit" erscheinen, denn auch im geistigen, erdenkörperfreien Sein gibt es ein Entsprechendes, wie hier die Empfindung des Raumes und der Zeit...

Es fehlt dir dann jedoch die Macht, dein dir verbliebenes Seelenkräftereich, in dem, und durch dessen Auswirkungsgegebenheiten allein dein geistiges Erleben möglich wird, — weiterhin nach deinem Willen zu wandeln..

Du mußt mit dem, was du dir während deines Erdenlebens an Seelenkräften zu einen wußtest, nun ewig dich bescheiden...

Dennoch wird niemals ein menschliches „Ich", auch wenn es noch so arm an Seelenkräften einging in das Leben des Geistes, um in ihm seinen „Weg" zu Gott zu vollenden, auch nur die leiseste „Sehnsucht" empfinden, wieder zurückkehren zu können in das Erdenkörperleben, — einerlei, was es in ihm zurücklassen mußte...

Aber es gibt ein solches, verändertes Wiederkommen, — jedoch nur in drei besonderen Fällen:

Für jene, die es als Folge ihres üblen Wirkens im Erdenleibe zu erdulden haben...

Für solche, die ihren Erdenleib am Weiterleben und Erleben hinderten, da sie vermeinten, durch den Tod sich einer unertragbar erscheinenden Qual, oder irgendwelchen Nöten, entziehen zu können...

Und endlich für solche, deren Erdenlebenszeit zu kurz war, als daß sie schon irgendwelche Seelenkräfte sich im Willen hätten vereinen können, so daß sie unfähig bleiben müßten, geistiges Erleben zu erreichen, würde ihnen die Möglichkeit zur

Erlangung von Seelenkräften, wie sie das Erdenleben allein zu bieten hat, nicht ein zweitesmal geboten...

Der gleiche Grund ist auch entscheidend für die beiden ersten Kategorien, allwo entweder ein „Ich" in Frage kommt, das auch in ausreichendem Erdenleben keinerlei Seelenkräfte sich zu einen vermochte, da das Tierhafte seines Trägers auf Erden solchen Willen erstickte, — oder ein „Ich", das alle, ihm schon geeinten Seelenkräfte preisgab in dem Moment, in dem es dem Gedankenzwang erlag, seinen irdischen Träger, als seinen, ihm zur Zeit gegebenen Selbstdarstellungs-Organismus, vernichten zu müssen...

Den Menschen, für die ich diese Belehrungen hier niedergeschrieben habe, mag es genügen, nun zu wissen, daß sie nur durch eigene Schuld dahin gelangen können, die Nöte des Lebens im tierhaften, allen physisch-materiellen Einwirkungen ausgesetzten

Erdenleibe ein z w e i t e s m a l erdulden zu müssen...

Daß aber die allzufrüh durch unerbittliche physische Gesetze um ihren irdischen Selbstdarstellungs-Organismus gebrachten Menschengeister ihn ein zweitesmal, — und wenn auch dies durch physische Gesetzauswirkungen umsonst gewesen wäre, selbst mehreremale wiedererlangen können, was gegebenenfalls auch für die beiden ersten Kategorien zutrifft, — wird jeder, der nun zu ahnen beginnt, was das Erdenleben für die „Rückkehr" des einst „gefallenen" Menschengeistes bedeutet, nur als die notwendige Auswirkung der Liebe, die alles Geistige, auch wenn es tief gefallen ist, umfaßt, in seinem Herzen voll Dank empfinden können...

Möge jeder, der diese Worte liest, sie in sich bewahren, und stets mehr und mehr alsdann erkennen lernen, daß ihm sein Erdendasein die unerhörte Macht verleiht, sein weiteres Schicksal selbst zu bestimmen!

Wie diese Macht auf rechte Weise zu gebrauchen ist, wird in diesem Buche gezeigt.

Es sorge sich aber keiner um die der Erde Gestorbenen, die „hinübergingen" ohne bereits in ihrem Erdenleben soweit gelangt zu sein, daß sich ihr Gott in ihnen „gebären", — daß sie sich mit den ihrem „Ich" geeinten Seelenkräften ihrem Gotte vereinen konnten!

Auch sie umfaßt wahrlich die ewige Liebe!

Sie finden an allen, die jemals zur Vereinigung mit ihrem Gott gelangten, ihre getreuesten Helfer, denn alle Seelenkräfte „berühren" sich im Reiche des substantiellen Geistes, und was die Geeinten in Gott auf Erden schon erlangten, und was sie im Geiste erlangen, das „leiten" diese Kräfte weiter auch zu ihnen, denen ihr Gott noch nicht im „Ich" „geboren" ward! — — —

Zugleich aber wird diese Hilfe geleitet durch die Niegefallenen, die im Reiche des Geistes in gleicher Weise die einst gefallenen Menschengeister zurück ins Urlicht führen, wie schon hier auf Erden, wo immer sie dem Willen zur Rückkehr begegnen...

Strebe du danach, dein höchstes Ziel schon hier auf Erden zu erreichen, aber ängstige dich nicht um jene, die es hier noch nicht erreichen konnten!

Du kannst ihnen jedoch auch deine Hilfe bieten, wenn du voll lebendiger Liebe ihrer gedenkst! — — —

Sie alle werden einst in ihrem Gott mit dir vereinigt sein....

In dir wirst du, — vereint mit deinem Gott, — einst allen bewußt vereinigt sein, die du umfassen kannst in deiner Liebe! — — —

Vom Geiste

Ihr lebt in einer Welt, der „Geistiges":
— Verstandesarbeit ist.

Was diese Welt als „Geist" bezeichnet, ist Begriff und Denken, — oder gar: — die Virtuosität, durch schnell gefundenen Gedanken das Entlegene in frappierenden Zusammenhang zu bringen. —

Dem „Geiste" aber, der als substantielle Wirklichkeit die Welt durchleuchtet, ist alles, was die Menschen dieser Tage „Geist" benennen, — nur bloßes Werkzeug irdisch-allzuirdischen Erkennens...

Die Welt in der ihr lebt, weiß nur noch von dem „Werkzeug", und glaubt in ihm das „Werk" zu haben. — —

So wurde euch der „Geist der Welt" zum Blender eures „Seelen-Auges"!

Es wird schwer sein, ihm, der euch nunmehr beherrscht, und hinführt, wohin er euch führen will, noch Widerstand zu leisten! — —

Der Geist, der selbstbewußt in seinem eigenen Lichte lebt, ist nichts Verschwebendes, nichts, was sich nur im frommen Glauben fühlen läßt.

Er ist nicht nur so „wirklich", wie ein Baum, ein Stein, ein Berg, — ein Blitz, der aus der Wolke niederfährt, sondern in ihm allein kann unser irdischer Begriff der „Wirklichkeit" erst seine irdisch nicht zu findende vollkommene Entsprechung fassen ...

Wenn schon kein Ding von relativer Wirklichkeit durch eines Menschenhirnes Vorstellung von ihm an sich verändert wird, — wie wollt ihr wähnen, daß die absolute Wirklichkeit nach eurem Wahn sich wandeln könne!?!

Die Bilder eurer Vorstellung berühren nichteinmal das kleinste Erdending im Grunde seines Daseins, und so auch läßt der Geist der Ewigkeit sich wahrlich nicht von dem berühren, was ihr als „Geist" benennen möget, solange ihr sein substantielles Sein noch nicht in euch erfassen könnt...

Ihr werdet nun heute vielleicht und in dieser Stunde die Wahrheit meiner Worte zu erkennen glauben, — morgen aber schon betört euch wohl aufs neue der „Geist" dieser Welt. —

Ihr werdet ihm heute entrinnen wollen, um den wirklichen Geist zu suchen, aber ich fürchte, — morgen schon werdet ihr wieder vom „Geist" der Gehirne geblendet sein. — —

Ihr werdet heute wohl vom Sein des substantiellen Geistes etwas zu erahnen glauben, — aber schon morgen befällt euch doch wieder Kleinmut und Zweifel, und ihr gebt die Mühe auf, zu suchen, was ihr heute fast schon „greifbar" glaubtet. — —

Noch immer habt ihr so gehandelt, wenn einer euch vom Geiste sprach, der von dem Geiste, der das All durchleuchtet, reden durfte, da er in ihm lebte, und der daher aus eigenem Erfahren ihn bezeugen konnte. —

Vielleicht aber, — gibt es doch einige unter euch, die ernstlich bereit sind, alle ihre Kräfte einzusetzen, um eines Tages selbst die Wirklichkeit von der ich rede, in ihrer unsagbar erhabenen und gewaltigen Einfachheit zu erfassen?! —

Zu denen will ich mich wenden, denn nur ihnen können meine Worte von Nutzen sein. —

Euch, die ihr entschlossen seid, dem „Geiste" der Gehirne fürderhin nur noch zu geben was das Seine ist, damit er nicht um das Erkennen urewigen, wesenhaften Geistes euch betrügen könne, — euch sage ich nun hier erneut, damit ihr es in eure Herzen hämmert:

Geist ist nichts Erdachtes!

Geist ist nicht die Kraft des Denkens!

Geist ist substantielles, aus sich selber seiendes, lebendiges Licht!

Alle Unendlichkeiten sind erfüllt von diesem Geiste und alles lebt aus ihm, aber der Erdenmensch kann ihn nirgends finden, außer: — in sich selbst. — — —

In euch selbst ist und lebt er, seiner selbst bewußt, wie er im unendlichen All seiner selbst bewußt das All durchlebt!

Er ist nicht in euren Gehirnen allein, oder nur in euren „Herzen"!

Der Körper des Erdenmenschen ist zwar tierischer Art, aber dieses Tierische birgt geheimnisvoll in sich einen geistigen Organismus...

Ihr selbst seid „Tempel" des Geistes, und in jedem Glied an euch, wie in jedem inneren Organ steht ihm ein heiliger Schrein auf unsichtbarem Altar...

Bevor ihr daher nicht im ganzen Körper, von den Zehen bis zum Scheitel, euch selbst empfindet, werdet ihr niemals den Geist empfinden können, nie vermögen, mit eurem Gotte euch zu einen! —

Dieses Selbstempfinden, durch den ganzen Körper, der in sich ein Heiligtum des Geistes birgt, muß eure vornehmlichste Aufgabe sein, und sie ist bereits in allem einbegriffen, was ich bisher zu sagen hatte, wenn auch in anderer Weise davon die Rede war. — —

Hier will ich im besonderen davon sprechen!

Ihr müßt bewußt zu werden trachten, nicht nur im Gehirn, — nicht nur im „Herzen"!

Bewußtsein lebt in euch vom Innersten bis zum Äußersten eures Körpers, — ja selbst in jeder seiner Zellen, — allein es ist noch nicht vereint mit eurem Selbst-Bewußtsein...

Doch wenn ihr wollt, und standhaft bleibt in eurem Streben, dann könnt ihr nach und nach in jedem Teil des Erdenleibes das ihm eigene Bewußtsein finden und eurem Ich-Bewußtsein so vereinen, daß ihr dann nicht mehr — nur im Kopfe, und da selbst doch nur im Gehirn, ein wenig um euch selber wißt. — — —

Hütet euch aber, eure Nerven zu erregen und zu überreizen, — denn diese Art

„Bewußtsein" eures ganzen Leibes kennt ihr alle längst schon viel zu gut! —

Wer nicht bei jedem Fortschritt auf dem Wege seelisch ruhiger und klarer wird, der geht nicht den richtigen Weg! — —

Wollt ihr zum Ziele kommen, dann müßt ihr in völliger Ruhe des Körpers und der Seele, der Nerven und der Gedanken, — euch in jedem Atom eures Körpers in eurer Seelen-Natur, als „Seele" dieses Atoms zu empfinden trachten, um die Ur-Seelenkraft euch zu einen, die in und mit ihm euch gegeben ist...

Es sind keine seltsamen „Übungen" zu verrichten und keine gewaltsamen Anstrengungen sind hier nötig, oder gar nützlich!

Ruhiges Empfinden durch den ganzen Leib, so oft ihr dazu Neigung fühlt, und eure Zeit es euch erlaubt, euch solchem Empfinden ungestört hinzugeben, wird euch nach Wochen oder Monaten die ersten Früchte zeigen.

Vergeßt aber nicht, daß ihr nur euch selbst in jedem Körperglied, und nicht etwa das Glied als solches empfinden lernen sollt! — —

Wenn ihr euch so dann von innen und außen, von unten bis oben, „selbstempfinden" könnt, dann werdet ihr staunen, und mit Dankbarkeit in hoher Freude in euch fühlen, was dieses Erdenleben ist, das euch bis heute noch so „unvollkommen" erscheint...

Euer ganzer Leib aber wird eine unerahnte Erneuerung dabei erfahren.

Wem Glieder seines Leibes fehlen, der wisse, daß jedes Glied in geistiger Substanz vorhanden ist, auch wenn es nie im Äußeren vorhanden war, — und daß in gleicher Weise jedes Glied in seiner geistigen Gestalt vorhanden bleibt, auch wenn es im Äußeren vom Körper abgetrennt wurde.

Im geistigen „Leibe" gibt es keine Verstümmelung!

Im geistigen „Leibe" ist jeder Menschengeist Sammelpunkt aller Schönheit, die er seiner „Seele" geben kann, in der sich der Geistesleib „erlebt", — und die im Geiste zu „sehen" vermögen, erschauen in ihm nur das, was durch Seelenkräfte Gestalt gewonnen hat, nicht aber irgend einen Mangel der physisch sichtbaren, durch materielle Einwirkung bestimmten Erscheinungsform...

Seid ihr nun an diesem Punkte angelangt, und empfindet ihr euch selbst im Ganzen eures Leibes als ein Ganzes, dann werdet ihr wahrhaftig auch den Leib zu ehren wissen, als das Äußere des „Tempels", der in sich das allem Außensinn verhüllte heilige Mysterium geistigen Lebens birgt, wie es allein der Menschengeist auf seiner Rückkehr in das Licht aus dem er einst sich löste, erlangen und erleben kann...

Nun aber muß es sich dennoch erst zeigen, ob schon die Seele jene Reife erlangte, die es dem geistig „älteren" Bruder, der sie erschaut, auch möglich macht, ihr zum Leiter und Führer zu dienen. —

Ohne ihn würde schwerlich einer aus euch hier im Erdenleben schon zum Bewußtsein im allumfassenden Geiste gelangen, auch wenn schon der „Leib" des Geistes im Erdenkörper bewußt empfunden wird!

Keine eurer Mühen geht verloren, aber aller Mühen Siegespreis wird euch erst dann zuteil, wenn ihr den Höhenweg beendet habt, der euch nur findbar ist unter innerer geistiger Führung...

Immerhin aber wird euch vieles schon auch durch die eigene Beharrlichkeit allein erreichbar.

Sobald ihr euch durch den ganzen Erdenleib in eurem geistigen Leibe empfinden lerntet, beginnt ihr, ohne daß es eines besonderen Wollens bedürfte, den Geist in euch und im ganzen All — zu „atmen", und vielen ward damit schon solches Glück zuteil, daß sie für lange Zeit dabei verweilten, erkennend, daß sie höherem Erleben vorerst noch nicht gewachsen waren...

Nehmet aber unbesorgt, was man euch geben wird und vertrauet dem Gesetz des Geistes, das keine Willkür kennt und stets nur euer Bestes bewirkt!

Der Weg zum „innersten Osten" liegt gangbar vor euch hingebreitet, und euer waches Wollen nur bestimmt, ob man euch bald auf ihm gewahren wird...

Die Lande des „innersten Ostens" aber umfassen viele Wohnstätten, und jedem ernstlich Suchenden wird dort seine Wohnstatt zuteil, — niemals eines Anderen Stätte..

Hier herrschen nicht minder bestimmte Gesetze des Geschehens, wie in der Außenwelt. — —

Auch kein Leuchtender des Urlichts kann sie beugen!

Er kennt nur ihre Art und Wirksamkeit, und all sein Trachten ist, die Menschen, die zu seiner Zeit der Erdball trägt, wie die einst kommenden Geschlechter, zu ihrem Glück — zu ihrem höchsten Ziel zu führen. — — —

Dazu dient seine Verkündigung!

Dazu hilft ihm das geistige Gesetz, dem er aus allen seinen Kräften dient...

Er wirkt aus dem Geiste, der das Ur-Seiende ist, und er wirkt nur aus der Kraft des Geistes...

Aus dem ewigen substantiellen Geiste aber gestaltet sich „Gott", — wie ein „Destillat" des Geistes, — in jedem Menschen, der mit Inbrunst seinem Gott entgegenstrebt, und in Geduld den Tag erwartet, der ihn so vorbereitet findet, daß sein Gott sich in ihm selbst „gebären" kann. — — —

Gott ist Geist, — jedoch: — des Geistes höchste Selbstformung! —

Sich selber formend aus sich selbst, offenbart sich des Geistes höchste Seinsform — als „Gott"! — — —

Der Pfad der Vollendung

Wähle du, o Suchender, für deine ersten Schritte schon den Pfad des wahrhaften Lichtes, sonst wirst du dereinst dich leicht verleiten lassen, den schlimmen Pfad der schillernden Schlange zu betreten, wenn du an den Fuß des „großen Gebirges" gelangst, dahin man zur Not auch auf Schleichpfaden kommen kann, statt auf dem Pfade, den die Leuchtenden des Urlichts durch die Wüste bahnten. — —

Du kannst diesen Pfad des wahrhaften Lichtes gleich zu Anfang wählen, wenn du alle niederen „Wünsche" von deinem großen und reinen Wollen zu entfernen weißt. —

Wirst du aber „den edlen Pfad der Weisheit", der dich hinauf zu den hellen

Firnen führen soll, auch dann noch „wählen" können, wenn du, mit „Wünschen" beladen, am Ende des Weges durch die Wüste, steile Felsenhöhen vor dir siehst, und nun keuchend nach dem letzten Ziele spähst?? —

Wisse, daß dann das Licht der Wahrheit vor dem Auge deiner Seele nur wie ein fernes Leuchten durch den Nebel dringt, und daß dir der Höhenpfad zu diesem Lichte alsdann „unendlich" erscheinen wird!

Nebenan aber führt der „Pfad des Irrtums" zu einem flimmernden, gleißenden Lichte in nächster Nähe.

Dieses „Licht" aber ist der trughafte Glanz der „Schlange", deren Leib, — in vielen Farben schillernd, — den Erdball umspannt...

Wehe, wenn du ihr verfällst!

Sie wird dich locken durch das verführende, ununterbrochene Zucken der schimmernden Schuppen ihres Hauptes, und wenn du, wißbegierig, nahe genug in ihren Bereich gelangtest, wirst du ihr Beute zum Fraße werden. — — —

Kannst du, mein Freund, die Wahrheit ahnen, die hier, als Symbol verschleiert sich dir nahen will?!

Wohl dir, wenn du Symbole wahrhaft „deuten" lernst!

Sie werden dir tiefe Dinge sagen!

Dinge, die sonst meist unsagbar bleiben müßten!

Dinge, die niemals sich in ihrer Nacktheit zeigen würden! — —

Ich will es aber versuchen, hier auch Jene zu erreichen, denen Symbole annoch „dunkel" sind.

So höre denn andere Worte, aber wisse, daß sie gleiche Wahrheit meinen!

Wenn du, o Suchender, zum erstenmale den Drang in dir empfindest, die Schleier zu lüften, hinter denen du ahnend die Wahrheit fühlst, dann wird dir immer ein „Führer" nahe sein aus jener Welt des Lichtes, die ewig deine Heimat werden soll.

Du wirst die Nähe dieses Führers fühlen, ohne recht zu wissen, was dein Gefühl bewegt...

Unwillkürlich wirst du dem Führer folgen. —

Du bist dann auf dem „Pfade", der durch die „Wüste" führt.

Die „Wüste" aber wird aus den Sandkörnern gebildet, die das äußere Schein-Erkennen der Erdenmenschenhirne schuf. — —

Jahrtausende schufen daran!

Mitten durch diese „Wüste" haben hohe Meister, — kundige Wegebauer, — einen festen Damm gebaut auf dem sich sicher schreiten läßt...

Ringsumher lagern die allzeit veränderlichen Sanddünen äußerlichen Gehirn-Erkennens: — stets wechselnd in ihren Linien, — unsicherer Grund dem Fuße, der sie betritt...

Der Pfad aber auf dem Damme, den die „Leuchtenden" der Seele schufen, – ist Fels. —

Du fühlst Sicherheit!

Mutvoll schreitest du voran.

Lange Zeit wirst du geduldig weiterschreiten müssen, bis du an jene bedeutsame Stelle gelangst, allwo der Felsdamm durch der „Wüste" Sand dann das „große Gebirge" erreicht und damit zu Ende ist...

Nun mußt du dich entscheiden, denn vor dir liegen zwei Pfade, die du zuerst nicht recht zu trennen wissen wirst.

Bald wirst du dem einen, bald dem anderen dich anvertrauen wollen. —

Der eine aber führt zu den Gipfeln, der andere — in die abgründigen Schluchten und verborgenen Klüfte der Berge...

Du allein hast die Wahl, wohin du dich wenden willst!

Sicherlich aber wirst du sogleich den Pfad zu den Gipfeln vom Pfade des Abgrunds unterscheiden können, wenn deine Füße vorher schon gewohnt waren, festen „Fels" unter sich zu fühlen, denn schlüpfrig und ohne Fußruhe ist der Pfad zur Unterwelt...

Schon auf dem Pfade über den Felsendamm, werden unsichtbare Dinge dir ihr Dasein zu erweisen suchen.

Noch aber kannst du nicht unterscheiden, wer da Lenker ist, der Kräfte, deren Wirkung du erkennst. —

Noch glaubst du hinter allen unsichtbaren Kräften gleichen Willen. — —

Wisse aber, daß die niederen Reiche des Unsichtbaren auch niedere Lenker haben!

Wisse, daß Meer und Land nicht so scharf geschieden sind, wie die niederen erdensinnlich nicht faßbaren Kräfte, die an der „Welt der Materie" gestaltend und zerstörend wirken, von den hohen, im höchsten Lichte erkennenden Mächten des Geistes!

Die Lenker in den niederen unsichtbaren Reichen sind die furchtbarsten Feinde deiner Seele.

Nicht weil ihr Wille deiner Seele schaden will, gleich dem haßerfüllten Willen der Vernichtungsverdammten, die einst Erdenmenschen voll höchster Erkenntnis waren und erneut dem „Fall" ins Finstere erlagen, — sondern nur durch Kräfte der Anziehung, denen du schwer widerstehen kannst, wenn dich nicht hohe Geistesmächte wirksam isolieren. — —

Wenn du Bereiche streifen wirst, die der niederen Lenker Einwirkung erfahren, dann wird sich zeigen wer du bist. —

Suchst du allein nach höchster, ewiger Klarheit, dann wird dich der Führer, der ja ein Lenker höchster Kräfte des Geistes ist, schützend isolieren können.

Du wirst unter solchem Schutz dann auch mit Sicherheit den Pfad zu wählen wissen, der dich zu reinster Lichterkenntnis führt.

Du wirst dann zum Leben im ewigen Lichte der hohen Firnen des Geistes gelangen. — —

War es dir aber um niedere Künste zu tun, — wolltest du nur „Okkultes" erforschen, um deinen Wünschen neue Kräfte zu Dienern zu geben, dann wirst du unvermerkt der Hand des Führers entgleiten...

Allein gelassen mit deiner schwachen Kraft, wirst du eine Beute der Anziehungskräfte werden, die auf dich einwirken aus dem Bereiche der niederen Lenker in den dunklen Abgründen der ewigen Geburt der Materie. —

Du wirst — vielleicht — „okkulte Kräfte" erlangen, besonders wenn du strenge sexuelle Abstinenz zu üben weißt und nur von Vegetabilien lebst, aber wehe dir und allen die dir verfallen, — wenn du solche Kräfte erlangst! — —

Jene niederen Lenker sind die „Schaffenden des Grundes", und die Zerstörer alles dessen, was sich über den Grund, den sie festigen, frei erheben will.

Wähne nicht, daß sie dich die Geheimnisse des Schaffens lehren könnten, wie so mancher törichte „Zauberlehrling" es erwartet! — —

Sie werden sich nur gierig deines Willens bemächtigen, denn alle Gewalten im unsichtbaren Kosmos brauchen menschliche Agenten, wenn sie auf menschliche inkarnierte Willenszentren wirken wollen, — — und nur als Zerstörender wirst du ihnen dienen, auch wenn du aufzubauen meinst.

Die hohen Lenker können die Seele des Erdenmenschen ebensowenig mit ihrer Einwirkung erreichen, wie die niedersten, wenn ihnen nicht menschlich inkarnierte Willenseinheiten dazu die „Brücke" schlagen...

Vielleicht ahnst du hier, was die Lehre von dem „Sohne Gottes" besagen will, der „Mensch werden" mußte, um seine Menschenbrüder „erlösen" zu können?!— —

Die Wirkungsweise geistiger Gewalten, — sei ihre Wirkung nun von den höchsten oder den niedersten unsichtbaren Lenkern ausgelöst und in ihrer Art bestimmt, — kennt kein zeitliches, kein örtliches Hindernis.

Heute noch wirken durch hohe wie durch niedere Lenker einst ausgelöste und bestimmte Gewalten in der Seelenwelt des Erdenmenschen, obwohl diese Gewalten schon vor vielen Hunderten, ja Tausenden von Erdenjahren, den Weg zu den Herzen fanden, — durch einen menschlichen Agenten...

Wo auch ein solcher lebt oder lebte: — die geistige Gewalt, die durch ihn zur Wirkung kam, wird alle erreichen, die in ihr ähnlichen Schwingungen vibrieren, mögen die solcherart Prädisponierten auch auf des Erdballs anderer Seite wohnen, oder erst in einer zukünftigen Generation geboren werden...

Während es aber ein sicheres Kennzeichen hoher geistiger Lenkung ist, daß die durch sie erregten geistigen Gewalten nur unter sorglichster Wahrung der Freiheit im Menschen wirken, — wie sie ja auch den Erdenmenschen, der als „Brücke" dient, zum freien Herrn der Kräfte, die durch ihn wirken, vollendet, — so kann man die niederen Lenker stets daran erkennen, daß alles was durch sie zur Wirkung kommt, den Beeindruckten zu binden sucht, so daß er zum Sklaven dieser niederen Lenker wird, auch wenn sie ihn im Wahn erhalten, „Herr" der durch sie erregten Gewalten zu sein...

Das Ende dessen, der ihnen als „Brücke" dient, ist „Auflösung" in qualvoller Nacht! —

Die aber „Brücken" der hohen Geisteslenker sind, bilden eine ewige, königliche Gemeinschaft des Lichtes im Geiste, denn in jedem aus ihnen ist ein „Stern" entzündet worden, der, aus reinster Lichtkraft des Geistes gebildet, ewig den Seelen der Erdenmenschen leuchtet...

Eine eitle, erklügelte Lehre, die dich zum Glauben verleiten will, daß der Mensch in ungezählten Erdenleben sich immer höher entfalte, weiß dir auch zu sagen, daß die „Brücken", die sich selbst erbauen, damit die höchsten Geisteslenker über sie hin zum Erdenmenschen gelangen, nichts anderes seien, als Menschen, die unzähligemale schon das Erdenleben erlebten, nur jetzt am höchsten Ziele ihrer Entfaltung angelangt, das einst auch jeder andere Mensch der Erde einmal erreichen müsse.

Glaube nicht solchen törichten Worten!

Du könntest sonst nur allzuleicht ein Opfer der Täuschung werden, — und aus einem vermeintlichen, „zukünftigen Meister" würde dann ein armer betrogener Sklave seiner Eitelkeit! — —

Nicht jedem Erdenmenschen ist die Bürde auferlegt, die nur die Wenigen tragen müssen, die voreinst, bald nach ihrem Fall aus hohem Leuchten, voll Erbarmen für die Mitgefallenen, sich dargeboten haben, Mithelfer hoher Geisteslenker zu werden, — „Brücken" und Brückenbauer zugleich, — im Dienste ewiger Liebe..

Nur der kann hier die „Meister"-Prüfung bestehen, der schon des Brückenbaues Meister war im Geistigen, und lange schon vor seiner Inkarnierung in den Erdentiereskörper...

Wissend wird er „Brücke" und des Brückenbaues Meister dann als Mensch der Erde erst an jenem Tage, an dem er der leuchtenden Gemeinschaft seiner geistigen Brüder nahen darf — als einer, der auch hier im Irdischen seine „Meisterprüfung" bestanden hat. — — —

Dann ist der „Sohn" der hohen geistigen „Väter" zu ihrem angenommenen geistigen „Bruder" geworden, als ein Leuchtender des Urlichts...

Aber ein jeder Erdenmensch, wer es auch sei, kann „leuchtend" werden im geistigen Licht, in ewiger Freiheit, — auch wenn er das Licht empfängt, wie ein Planet der eine Sonne umkreist.

Im Reiche des Lichtes „neidet" keiner dem anderen seinen Wirkungskreis, den ihm der eine, ewige „Meister" aller Meisterschaft vertraute...

Jeder, der in dieses Reich gelangt, ist ein Vollendeter, frei in sich selbst, — und jeder weiß, daß ihm Vollendung nur erreichbar war in seiner Eigenform. — — —

Es ist nur Folge deiner erdgezeugten Nichterkenntnis, wenn du etwa nach einer Form der geistigen Vollendung strebst, die nicht aus deiner Individualität heraus gefordert ist...

Was soll es dir nutzen, eine Art der Vollendung zu erreichen, die einem Anderen vorbehalten bleiben muß?! —

Auch wenn du die höchste Form der Vollendung fändest, die ein Erdenmensch erlangen kann, und es wäre die deine nicht, so hättest du umsonst gestrebt, dich zu vollenden...

Nur als Vollender dessen, was nur dir allein gegeben ist: — nur als Vollender deiner selbst, gelangst du einst in jenes ewigliche Licht, aus dem du ewig leuchten sollst! — — —

Vom ewigen Leben

Hier will ich vom lebendigen „Lichte" reden: — dem ewig unertötbaren „Leben", das alles Menschensein durchflutet!

Ich will das Licht der Herzen euch zeigen, das in euch lebt und euch erleuchten kann! — —

Ihr alle, die ihr des Lebens Sinn erfassen möchtet, wart auf den Wegen die zum Irrtum führen, zu lange schon „Suchende". —

Ihr sollt zu „Findern" werden, wenn ihr dem Worte eines Finders vertraut! —

Ihr seid Könige, die ihr Reich nicht kennen! — —

In euch selbst ist dieses „Reich", das eure Augen stets vergeblich zu erspähen suchen, wenn ihr es außen sucht! — — —

Ihr fragt ohne Antwort, und dennoch fragt ihr immer wieder: — „Wo ist das Land, das uns verheißen wurde?!"

„Sind wir zu Ende, wenn es hier zu Ende geht, oder kann nach diesem Ende unser Selbstsein weiterleben?! —"

Sehet: — die vor euch also fragten, sind in euch, in eurem inneren „Reiche", und könnten euch da Antwort geben, wenn ihr nicht taub geworden wäret im Lärm der Außenwelt. — — —

Eure eigene Seele ist das „Reich der Geister", die ewig mit und in euch leben werden! — — —

In euch selbst umfaßt ihr die Unendlichkeit...

In euch lebt, was war, was ist, und was werden wird...

„Allgegenwart" ist euer Sein, — — doch ihr seid an das „Da-Sein" noch verhaftet, und gegenwärtig nur, wo ihr dem niemals Kommenden entgegen wartet! — —

Ihr glaubt noch, das Reich des Friedens sei ein fernes Land in Sternenweite, derweil es in euch lebt und ihr in ihm...

Jeder, der dieses Reich in sich er-langte, ist für ewig dieses Reiches „König"! — —

So, wie ihr alles Menschenwesen in seinem ewigen Geistesleben dort finden werdet, so werdet ihr selbst dort gefunden, in allen, die dieses Reich in sich erlangten.

Es ist ein einziges Reich der Geister, aber jedem, der Unzähligen, die es in sich fanden, „gehört" dieses Reich als ungeschmälerter Besitz, — jeder ist dieses Reiches ungehinderter „König", und sein Reich ist „Ewigkeit", — nicht anders, als ob er, aus allen Unzählbaren, allein des Reiches „König" wäre, das jeder nur als „das Reich" seiner Seele besitzt...

Ihr könnt das Reich der Geister nicht er-langen, außer euch selbst! —

In euch ist es allein für euch erreichbar. — —

Wollt ihr „außen" suchen, so müßt ihr der Täuschung verfallen, denn alles, was außer der Ewigkeitswelt des innersten „Ich" sich finden läßt, ist nur — vergängliches „Bild": — zeitweiliges Erleben, — wie das Erleben dieses todbegrenzten Erdenlebens...

Dort, wo die Seele bei sich selber ist, im „Ich" geeint und von ihm geleitet, wird erst das „Reich", das ewig währt, gefunden. — —

Dort gibt es keine Täuschung mehr!

Dort nur allein ist „Ewigkeit" Besitz! —

Euer „Ich" allein ist dieses „Reiches" unbeschränkter Besitzer! — — —

Unendlich an Zahl sind die „Könige" dieses Reiches, und jeder, dem es „Königreich" geworden, ist in sich vereint mit allen anderen die hier wohlberechtigt ihre Krone tragen, ist der Eine, in dem Alle herrschen...

Nicht nebeneinander, sondern miteinander, in-einander leben alle, die hier ewig leben!

So, wie ihr auf Erden von einem Menschen sagt, er „lebe" sein Leben, wenn er es, gut oder ungut, tätig genießt, — so ist denn auch hier alles „leben" ein Tun, und „Leben" nicht nur Bezeichnung eines Seins-Zustandes. — —

Hier ist „Leben": — das „Licht", aus dem der Geistige leuchtet, — aus dem er „lebt"! — — —

Ihr selbst seid „eingewoben" der ewigen Welt der Geister, und euch durchflutet aller ewigen Geister „Leben", ohne daß ihr darum wißt! — — —

Ihr fühlt euch noch in eurem „Ich", — als das ihr vorerst nur im „Hirnreflex" euch spiegelhaft empfindet, — als unverbundenes „Einzelsein". —

„Lebendiges" jedoch ist stets vereint mit allem Leben!

Es gibt auf Erden nichts, und nichts im ganzen All, und nichts im Geiste, was sein „Leben" hätte, was zu „leben" fähig wäre, — nur für sich allein! — —

Ein jedes „Einzelsein" ist letzten Endes wahrhaft alles Sein! — —

Auch wenn es nicht erkenntnisfähig ist, darum zu wissen! —

„Er-lösung" kann ein Einzel-Sein nur finden, wenn es im All-Sein sich erlebt, erlöst von allem anderen „Einzel-Sein".

„Er-lösung" wird euch darum nur, wenn ihr in eurem „Ich"; — im „Ich" das ewig euch erhalten bleiben soll, — empfinden lernt, daß alles „Ich" sich nur in diesem, eurem „Ich" euch gibt, — euch ewiglich sich selbst ergibt: — sich selbst vereint!

In euch: — im „Ich" der Ewigkeit, — ist alles „Leben", und in diesem Leben findet ihr allein die wahrhaft „Ewigen": — die ewig Lebenden! — — —

Längst hättet ihr sie schon gefunden, wenn ihr nicht immer, eigensinnig und betört, nur dort nach ihnen suchen würdet, wo sie nimmermehr zu finden sind!

Umsonst sucht ihr euch einzudrängen in die unsichtbaren Reiche dieser Außenwelt! —

Noch eher könnte einer derer, die im Ewigen leben, euch in der Sichtbarkeit, bei hellem Sonnenlicht, „erscheinen", als daß er euch im unsichtbaren Physischen begegnen könnte...

In das, was in euch selber „ewig" ist, müßt ihr euch zu versenken wissen, wollt ihr denen euch bewußt vereinen, die bereits im ewigen Leben sind! — — —

Im Osten wohnt das Licht

Nur wenige Menschen des „Westens" ahnen die Wahrheit, wenn sie von den „weisen Männern des Ostens" hören, von denen alte Überlieferung in stillen Kreisen edler Wahrheitssucher spricht, — und unter denen, die hier dunkel ahnen um was es sich handelt, sind wieder nur Allzuwenige, die sich törichter Vorstellungen enthalten können, sobald sie ihrer „Ahnung" bildhafte Gestalt zu geben suchen. — —

Im Osten, im Herzen Asiens, wurde das Messer des Gedankens am schärfsten geschliffen.

Hier aber waren auch schon vor Jahrtausenden die Großen, die über allem Denken den klaren Weg zur Wahrheit fanden, der Wahrheit, die nichts anderes als absolute Wirklichkeit ist, und nichts zu tun hat mit gedanklichen Erkenntnisbildern, in denen man gemeinhin das, was man „die Wahrheit" nennt, zu haben glaubt.

Unter hoher Leitung fanden jene ersten der „Brüder auf Erden" Weg und Ziel...

Seitdem unterweisen sie und ihre Nachfolger die Suchenden, die dazu „reif" befunden werden, im Geiste durch den Geist.

Sie haben „den heiligen Schutzwall des Schweigens" um ihre Vereinung gezogen, und nur der findet „Zutritt" zu ihnen, den sie im Geiste als „reif" erkennen, ein Erkennender im Geiste zu werden.

Sie wissen, daß ihre Gabe denen nur von Nutzen ist, die das Ende ihrer Mühen auf dem „Pfade" nahe vor sich haben. —

Allen aber senden sie aus ihrer Mitte helfende Lehrer, und sie sandten sie zu aller Zeit...

Im Westen wie im Osten fanden sich stets solche „wirkende Brüder".

An keinem äußeren Zeichen sind die Glieder der hohen Vereinung erkennbar.

Sie allein nur erkennen, wer zu ihnen gehört. —

Ihr geistiges Wesen ist tief verborgen vor den Augen der Menschen.

Keiner der hier Gemeinten wird jemals versuchen, eine Gemeinde um sich zu scharen.

Keiner hat jemals solche Gemeinden begründet oder „gestiftet"!

Was als „Gemeinde" in der Welt entstand und sich auf die Stimme der „Brüder auf Erden" oder gar ihrer hohen „Väter" im Lichte berufen hat, war immer nur das Werk noch ungereifter Seelen, die durch zu früh entfaltete innere Sinne fähig wurden, einiges aus dem Kreise des innersten „Ostens" zu vernehmen, wie Lauscher, die an Schlüssellöchern horchen, und ohne daß ihnen die Kräfte gegeben waren, auch das Erlauschte nun in rechter Art zu deuten. —

Sehr selten nur trat einer der Brüder persönlich und mit klarem Bekenntnis seiner Artung vor seine Mitmenschen im Getriebe äußerer Welt, und für jeden der es tat, wurde dieser Schritt zu einem bitteren Opfer..

Wo solche Opfer nicht unbedingt vonnöten sind, sollen sie vermieden werden.

Daher die Verborgenheit, aus der heraus die „weisen Männer des Ostens" wirken. — —

Daher die Verschwiegenheit in die sich jedes Glied dieses Kreises hüllt, solange seine Aufgabe ihm nicht den Zwang auferlegt, sei es in symbolischer Umschreibung, sei es in deutlicheren Worten, seine geistige Art zu bekennen, die auch wahrlich nicht leicht sich bekennen läßt...

Die hohe Gemeinschaft der Leuchtenden, von der uralte Tradition ehrfürchtiger Wahrheitssucher als den „weisen Männern des Ostens" spricht, ist allein durch geistiges Gesetz gebunden.

Ihre Glieder kennen keine Gelübde der Askese und keine „Ordens"-Schwüre.

Die Entfaltung der geistigen Kräfte hängt nicht von solchen Dingen ab.

Was aber durch das „Gesetz" verlangt wird, dem diese Kräfte gehorchen, das ist weit mehr als härteste Askese und das strengste Büßerleben...

Es müssen viele Vorstellungen aufgegeben werden, die zwar auf an sich richtigen Prämissen beruhen, aber nur die niederen

Kräfte am Menschen berühren, wenn man wissen will, was ein „Eingeweihter" dieser Vereinung in Wahrheit ist. —

Jeder aber, der es ist, wird euch erkennen, unbeirrt durch eure irrtümlichen Vorstellungen.

Sein „Lehren" tönt auch nicht eurem äußeren Ohr, — selbst wenn ihr ihn „persönlich" kennen solltet. —

Die Mitteilungen, die ein Geistgeeinter etwa in der Sprache seines Landes gibt, machen nicht sein „Lehren" aus ...

Sie sollen euch nur „Fingerzeige" sein, damit ihr ihn, oder was seiner Art ist, wiederfindet in euch selbst: — in eurem Innersten.

Auch seine äußeren Worte aber wollen empfunden, nicht „erklärt", nicht gedanklich zerfasert werden!

Wenn ihr jedoch zu seinen „Jüngern" werden könnt, dann wird er in eurem eigenen Herzen zu euch „reden"...

Er wird aber niemals eure Sinne durch die Reize schwüler Ekstase zu umnebeln suchen, — sondern neben euren irdischen Sinnen wird er neue, geistige Sinne in euch eröffnen.

Ihr werdet zuerst sein „Lehren" vernehmen, ohne zu wissen, ob es der Freund und Führer eurer Seele ist, oder ob ihr selbst das seid, was in euch „spricht". — —

Ein gewisses, reines, neues Fühlen jedoch, das sein „Lehren" begleitet, wird euch aber in Bälde sagen, daß mit „geweihter" Stimme in euch „gesprochen" wird: — durch unmittelbares Erzeugen innerer Klarheit, — ohne Worte der Sprache des Mundes. — — —

Dieses, oft ganz unvermutete, ganz unerwartete Empfangen eines klaren inneren Erhellens geistiger Dinge, — das so sehr alles überstrahlt, was logisches Denken sonst gewohntermaßen uns an „Klarheit" bringt, — mag euch immer ein sicheres Zeichen sein, daß echtes geistiges „Lehren" sich in euch bezeugt...

Geistiges „Lehren" ist kein „Überzeugenwollen", sondern ein unmittelbares Aufhellen dessen, was vorher im Dunkel lag. — — —

Ein Menschenbruder „spricht" so in euch, der nicht mehr die Schallwellen der Luft dem Ohre des Leibes senden muß, wenn er empfängliche offene Herzen, die ihm vertrauen, „lehrend" erreichen will...

Vielleicht werdet ihr im Anfang noch nicht alles „verstehen" können, was auf diese Weise sich in euch ereignet, denn man kann sehr wohl etwas in absoluter Klarheit erkennen, ohne imstande zu sein, das Erkannte vor sich selbst gedanklich aufzulösen. —

Bleibet ruhig in solchem Falle und „zergrübelt" euch das Klare nicht!

Lernet vor allem die Stimme, die in euch „spricht" unterscheiden von den falschen „Stimmen" eurer aufgeregten Phantasie! —

Bleibet nüchtern und still, als ob es gelten würde, Längstgewohntes in euch zu beobachten!

Die Stimme des „Lehrenden" ist im Beginn der „Führung" so leise, wie ein ganz zarter Gedanke, ein kaum wahrnehmbares Fühlen.

Aber der Führer im Geiste spricht kein „Wort" in seiner geistigen „Sprache", von dem nicht ein sehr präzise unterscheidbares „Gefühl" der Gewißheit ausginge, das schwer beschreibbar ist, aber mit aller Sicherheit von jedem sofort erkannt wird, der es auch nur ein einzigesmal erlebte...

Kein eigener „Gedanke", und sei er noch so hoher Art, kann jemals dieses „Fühlen" erzeugen, das der Geist erzeugt, in dem und durch den der geistig Lehrende wirkt...

Je mehr die Sicherheit wächst, mit der ihr seine „Stimme" unterscheiden lernt von allem was nicht seines Wesens ist, desto klarer wird sie in euch „sprechen" können.

Dann wird eines Tages „die große Stunde" kommen, in der auch euer letzter, leiser Zweifel euch verlassen haben wird!

Werdet aber nicht ungeduldig, wenn ihr nicht gleich das erste der Ziele in euch erreichen könnt!

Ihr wißt nicht, ob ihr schon „reif" genug wurdet, um die „Lehre" mit Nutzen zu empfangen, und hier trägt der „Lehrende" allein Verantwortung für alles was er gibt...

Manchem wird die Gewißheit eher, manchem später kommen, jedoch sie kommt gewiß, wenn ihr in Ruhe euch dem geistig „Lehrenden" vertraut!

Vergeßt auch nicht, daß wahre „Weisheit": — Wirklichkeitserkenntnis ist, und daß sich der wahren Weisheit Lehrer nur der Wirklichkeit bedienen, wenn sie lehren, — der Wirklichkeit, die nicht etwa das Komplizierteste im Sein, sondern an sich das Allereinfachste ist! — — —

Es gibt Gedankenkräfte, die stets zu täuschen suchen, da sie selber nur aus Täuschung leben....

Der geistig Lehrende ist ferne ihren Regionen!

Nie wird er auch von Anderem euch zeugen, als von Dingen des Geistes, Dingen der Seele, Dingen der Ewigkeit...

Ihr werdet durch ihn erkennen, wer ihr seid, und was der Mensch „an sich", — in Wirklichkeit, — im Kosmos bedeutet!

Ihr werdet, wenn ihr dem vertraut, der euch in euch „belehrt", sicher werden wie er selber sicher ist!

Seine eigene Sicherheit wird er, der Sichere, euch überlassen. — — —

Ihr sollt aber niemals innerliche Fragen stellen, bevor „die große Stunde der Gewißheit" kam.

Tut ihr es dennoch, so werdet ihr sicher jenen täuschenden Gedankenkräften erliegen. — —

Macht euch auch keine Vorstellung von der Gestalt und Art des Menschen, in der euer geistiger Lehrer hier auf Erden leben mag, und wenn ihr einen Menschen kennt, von dem ihr wißt: — er ist ein Geistgeeinter, so hütet euch, nun allsogleich zu glauben, es müsse nur dieser, euch bekannte Geistgeeinte, nun auch euer geistiger Lehrer sein! — —

Ihr braucht nicht zu wissen, wer aus dem Kreis der Leuchtenden des Urlichts euch geistig lehrt, und die es wissen, werden es euch nicht sagen ...

Gebietet eurer Phantasie, damit sie euch nicht bei wachen Augen am Gängelbande irrer Träume führe! — —

Das außenmenschliche Leben des geistig Lehrenden ist seine eigene Angelegenheit, und er will nicht, daß man den Geist in dem er wirkt, mit seiner erdenhaften Erscheinung verwechsle. —

Er will nicht, daß seine „Schüler" der „Persönlichkeit" Verehrung zollen, die nur der Geisteskraft gebührt, aus der sie wirkt. — —

Er „lehrt" allein die „Weisheit", die man „Wahrheit" nennt, und die in Wirklichkeiten sich dem „Schüler" offenbart...

Er „lehrt" sie nur im Geiste, — durch die Kraft des Geistes.

Dabei ist jedem, der auf solche Weise lehren darf, zugleich bewußt und nur zu sehr empfindbar, daß allein die Unvollkommenheit der Darstellung des Ewig-Wirklichen als Werk des Erdenmenschen sich erweist, — und jeder Leuchtende im Urlicht wird die Ehrung, die man etwa seiner irdischen Persönlichkeit entgegenbringen mag, alsbald „verbrennen" auf dem ewigen Altar, dem er als einer der berufenen Priester dient. — —

Glaube,
Talisman und Götterbild

Einfach wie der Urgrund sind die letzten Geheimnisse der Natur.

Trenne nicht durch die Willkür deiner Gedanken, was aus der gleichen Wurzel keimt, und du wirst allenthalben die gleichen Gesetze finden...

Man lehrte dich aber eine zweite Welt erbauen, eine Welt ohne Grund und Ursache, und dieses Erbauen des Nichtseienden aus dem Nichts nannten deine Lehrer: — „Glauben". — —

Nicht von dieser Art „Glauben" soll hier die Rede sein, wenn ich dir vom Glauben spreche! —

Nicht dieser Glaube ist nötig zur Seligkeit deiner Seele! — —

Wir wollen aber dein Empfinden öffnen für eine ewige Kraft, die in dir lebt, und stetig in lebendiger Bewegung, stetig schaffend, deines Willens Kräfte in geformte Wirkung faßt. —

Glaube ist Gestaltungskraft im Geiste!

Glaube schafft die Form, durch die das Wirken deines Willens sich bestimmt!

Glaube ist die Wirkungsform des Willens!

Du kannst nicht wahrhaft wollen, ohne zu glauben, — denn ungeformter Wille ist eine zerfließende Kraft und wird als solche ohne Wirkung vergeudet. — —

Sobald du aber deinem Willen eine feste Form durch deinen Glauben schaffst, wird er zur mächtigen Gewalt und wandelt selbst die scheinbar festgefügten Kettenglieder äußeren Geschehens derart um, daß sie wie Wachs sich ändern nach deiner Glaubensform...

Deine Seele schmachtet, solange du nicht glauben kannst, und sie wird dich selbst zum Aberglauben verführen in ihrer Not! — —

Deiner Seele „Leben" ist Wille, und aller Wille will seine feste Form gewinnen, in der er zur Wirkung kommen kann. — —

Wenn du erst fühlen wirst, was „Glaube" wirklich ist, dann wirst du wahrlich glauben können...

Dein Glaube ist das Modell, nach dem das flüssige Erz deines Schicksals sich formt. —

Dein Glaube braucht absolute Freiheit!

Du selbst allein bist deines Glaubens Norm! — — —

Dir zum Bilde formt dein Glaube deinen Gott, wie er deine Götter formte...

Ungeformt ist Göttliches in seinem unergründbaren Sein...

Geformt nur wird es dir ergründbar. — —

Dir offenbart es sich in dir nur in deiner Form!

Darum kannst du deinen Gott nicht deinem Bruder zeigen, denn er kann deinen Gott in Ewigkeit nicht schauen...

Er sieht die gleiche Gottheit, aber geformt nach seinem Bilde...

Du glaubst noch, deinen Bruder zu deinem Gott ver-führen zu können, aber wenn er sich verführen läßt, wird er „ein Bild" anbeten und seinem Gotte entfremdet werden. — — —

Unendlichfältig offenbart sich der Eine, und wehe denen, die Ihm auch nur eine einzige Seiner Formen streitig machen wollen!

Im gleichen Augenblick, in dem du deines Gottes inneres Bild einem anderen Menschen schamlos enthüllst, hast du deinen Gott verloren! —

Glaube nicht, daß unter allen Tausenden, die sich um einen von ihnen allen hochgelobten Gottesnamen scharen, auch nur zwei wahrhaft Gläubige sind, die in diesem Namen Gleiches glauben! — —

Der Glaube selbst aber kann sich eines jeden Gottes- oder Teufels- Namens bedienen ...

Die formende Kraft des Glaubens, die deinen Willen bestimmt, ist die alleinige Ursache aller „magischen" Wirkung.

„Weiße" und „schwarze" Magie gründen in der gleichen Kraft!

Wie die Weltkraft, die der Blitz dir kündet, dem Menschen dienstbar wird, sobald er sie in Form zu bannen weiß, — wie sie sich binden läßt und aufbewahren in Metallen und Gefäßen, — so läßt sich auch die Kraft des Willens, der durch den Glauben seine Formung fand, in Gebilde der Materie binden...

In allen Kulten und bei allen Völkern findest du den Glauben an „geweihte" Dinge, denen hohe Kräfte eigen seien.

Du spottest dieses Glaubens und nennst ihn „Aberglauben".

Wenn du nur die Fabeln damit treffen willst, die sich um solche Dinge wie ein wucherndes Geranke schlingen, dann bist du wohl im Recht, — doch hüte dich, die Wirklichkeit, die hier verhüllt ist, zu mißachten!

— — —

Ein jeder Gegenstand, den du mit deinem, durch den Glauben klar geformten Willen selbst „geladen" hast, ist ein „Talisman", und solcher „Talismane" Wirkung hast du oft genug erfahren, auch wenn dir niemals zu Bewußtsein kam, was Ursache der Wirkung war, und du im Traum nicht daran dachtest, daß du dich selbst mit „Talismanen" rings umgeben hast...

Der Gegenstand ist freilich nur der Träger und Bewahrer einer an sich freien, — nun in ihn gebannten Kraft. — — —

Ihm eignet sie nicht selbst!

Dein Glaube formte deine Willenskraft und lenkte sie, meist ohne dein Verstandeswissen, hin auf jenen „Träger", der sie nun bewahrt, bis sie sich ausgegeben hat. — — —

Dein neuer Glaube aber „lädt" erneut den „Talisman", auch wenn du ihn als solchen nicht betrachtest...

Ein jedes Ding, das du gebrauchst, damit dir dies und das gelinge, obwohl das Ding zu deinem Tun nicht unbedingt vonnöten wäre, — ist ein „Talisman", auch wenn du,

„aufgeklärt" des „Aberglaubens" spottest, hörst du von Menschen, die dergleichen Dinge vollbewußt und steter Wirkung sicher, zu gebrauchen pflegen. — —

Du — bist nur unbedacht, — doch Jene „wissen"!

Ein Gleiches sind die Götterbilder!

Der Fetisch in der Hütte eines Wilden, wie das hohe Kultbild der Athena. —

Das Bild des Heiligen im hohen Dom, wie auch das „Gnadenbild" der alten Klosterkirche. —

Sie alle sind „Träger" konzentrierter Willenskräfte von gar vielen Menschen, die durch den Glauben ihren Willen formten und in das Bildwerk einzusenken wußten, — ja auch in arme materielle Überreste, die in Wahrheit, oder nur vermeint, von einem „heiligen" Menschen stammen. — — —

Der Glaube derer, die vor diesen Dingen beten, ist es wieder, der die hier gebundenen Kräfte „löst". —

Darum kann keiner diese Kräfte lösen, der nicht an sie glaubt, — denn nur der Glaube schafft die hohe Spannung deiner Willensströme, die jene gehäuften, und im Glauben klar geformten Willenskräfte zwingt, in deinen Willen einzuströmen und mit ihm vereint, nach deinem Wunsch zu wirken. — — —

Wir aber wollen nun dich nicht etwa verführen, die „Talismane" aller Kulte zu gebrauchen.

Wir wollen dir nicht etwa nahelegen, daß du die hohe Kraft der Götter- oder „Gnadenbilder" an dir selbst erproben sollst, — obwohl du diese Dinge frei erhalten mußt von deinem Spott, wenn du in Wahrheit das Gesetz erkennen willst, dem sie Verehrung danken. —

Dieses „Gesetz" allein sollst du erkennen, und was es dir an Möglichkeiten bietet, sollst du deinem Leben dienstbar machen lernen. — —

Du bist nicht jederzeit in gleicher Willenskraft, — doch, wenn du in den Zeiten deiner Stärke dir Bewahrer deiner Kräfte schaffst, dann wirst du in der Zeit der Schwäche wahre „Wunder" an dir selbst erleben...

Ein jedes Ding, das du zu gebrauchen liebst, oder das dich Tag für Tag umgibt kann dir zum Träger und Verstärker deiner Willenskräfte werden, und du vermagst es dann, in Stunden, die dich nicht auf deiner Höhe finden, die Kräfte „auszulösen" aus dem selbstgeschaffenen Bewahrer, die du zu solchen Stunden brauchst...

Vorzüglich aber eignen sich die Dinge hoher Schönheit als Bewahrer!

Was schon sein eigenes Dasein hoher Formkraft dankt, wird dir am besten eigene geformte Kraft in sich erhalten. — —

Umgib dich mit solchen Dingen, die du täglich neu in hohen Stunden füllen und erfüllen magst mit jener Art geformter Willenskraft, die dir vonnöten ist in Stunden deiner Schwäche!

Trage solche Dinge immer bei dir, wohin du dich auch begibst! —

Glaube, daß du deine beste Kraft diesen Dingen übertragen kannst, und daß du sie wieder von ihnen zurückerlangst, sobald du sie benötigst!

Wahrlich, — solcher Glaube ist kein „Überglaube"!

Du ahnst noch nicht, wie „wirklich" deine Willenskräfte sind, und welche Macht du in den Händen hast, wenn du den

Willen durch den Glauben „formen" lerntest! — —

Zerstöre aber deinen Glauben nicht durch eitle Reflexionen: — wie dergleichen „psychologisch zu erklären" sei?! —

Wenn einer dir von „Autosuggestion" hier reden mag, so lass' dich nicht betören!

Mit solchen Worten ist hier nichts „erklärt"!

Man setzt da nur ein neues Wort, und kann die Wirkung, die auf hohen Kräften ruht, damit gewiß nicht fassen. — —

Natur wirkt ihrer Art gemäß und wartet nicht, ob du ihr Wirken auch „erklären" kannst! — — —

Wie wir die Dinge sehen, erfährst du in diesen, meinen Worten.

Ob wir die Wahrheit reden, kannst du nur erfahren, wenn du selbst die Probe unternehmen willst. — — —

Die Magie des Wortes

Wisse, o Suchender, daß für ein jedes Zeitalter andere „magische" Kräfte notwendig sind, und lasse dich nicht beirren, wenn du nicht zu jeder Zeit die gleichen, wundersamen Kräftewirkungen gewahrst!

Die hier zu „ordnen" haben, was zu ordnen ist, lenken den „Strom" jeweils in jene Kanäle, die das Land dort, wo es am dürrsten ist, befruchten...

In diesen Tagen sollst du daher keine andere „magische" Wirkung erwarten, als die „Magie" des Wortes. — — —

Das Wort, im „magischen" Sinne aufgefaßt, ist aber die höchste der „magischen" Kräfte...

Es werden Zeiten kommen, da man, — durch die Kraft des Wortes allein, — Dinge verrichten wird, die an „Wunder" grenzen...

Ja: — „Wunder" wird man im Worte wirken! — — —

„Wunder", viel wunderbarer als alles, was die alten Zeiten „Wunder" nannten!

Es werden Tage erscheinen, an denen man Werke durch das Wort zu wirken wissen wird, zu deren Gestaltung heute noch tausend Hände und gewaltige Maschinen nötig sind...

Noch sind die Menschen ferne diesen kommenden Gezeiten. —

Noch weiß man das Wort nicht zu „sprechen"! — — —

Dennoch regt sich auch in dieser dunklen Zeit bereits das Wort, denn des Menschen Bahn ist an der Schwelle eines jener „lichten Höfe" angelangt, die auch in tiefster Nacht zuzeiten Hoffnung geben...

Sieh um dich, und wohin du auch blickst, wirst du die magische Kraft des Wortes in ihren Vorboten, — in ihren Zerrbildern sogar, — erblicken!

Es zeigt sich so dem Menschen, daß das Wort denn doch noch anderes vermag, als nur Verständigung von Hirn zu Hirn zu bringen. —

Wenn du weise bist, dann achtest du auf solche Zeichen!

Achte auf das Wort! — — —

Man lehrte dich lange schon das Wort verachten.

Nur den Sinn solltest du zu ergründen suchen.

So hat man dich daran gewöhnt, vor allem „verstehen" zu wollen, — du aber hast die kostbarste Gabe des Herzens: — deinen einzigen „okkulten" geistigen „Sinn", — das Fühlenkönnen der Dinge dabei verloren...

Wenn du diesen „okkulten" Geistes-Sinn wiedererlangen möchtest, dann bereite dich, Worte nicht nur ihrem „Inhalt" nach zu verstehen, sondern suche Worte, Wortklang und Formung stets zu erfühlen! — —

Siehe, es ist Gesetz, und nicht Willkür, was Worte zu magischen Kräften werden läßt, — was höchste „magische" Kraft in die Form des Wortes, in die Elemente der Worte band, so daß es Worte: — Worte menschlicher Sprachen, — gibt, die einen Berg ins Wanken bringen könnten, würde die in ihnen gebundene Kraft befreit...

Es gibt Worte, denen dein „Verstehen" machtlos gegenübertritt, und dennoch sprichst du sie nicht aus, ohne daß sie „magisch" deine Seele formen, obwohl du sie keineswegs zu „sprechen" weißt in jener Weise, in der sie alle ihre Kraft aus sich befreit sehen würden...

Ich könnte dir wundersame Dinge von solchen Worten sagen, aber du würdest mir unmöglich glauben können.

Gläubig wirst du hier nur durch Erfahrung werden! —

Bedenke, mein Freund: — Alles im Kosmos hat seinen Rhythmus und seine Zahl! — —

Auf Zahl und Rhythmus gründet sich alle „Magie"! —

Wer diese beiden finden kann, der hat selbst den „Schlüssel", der diese Pforte öffnet ...

Für ihn schreibe ich nicht.

Es ist aber auch keine Gefahr vorhanden, daß ein solcher diese Worte zu Gesicht bekommen würde.

Zu wenige sind es, die den „Schlüssel" fanden, und diese Wenigen lesen nur ein einziges, ewiges Buch, dessen „Worte": Leben, dessen „Sätze": Geschehen sind.

— — —

Ich kann dir auch niemals Rhythmus und Zahl des Kosmos „erklären".

Ich will dich nur lehren, des Wortes zu achten, damit du im Worte finden mögest, was du zu dieser Zeit vergeblich in anderer Form zu finden trachten würdest.

Achte genugsam auf das Wort, und du wirst in Bälde Wahres von Falschem unterscheiden, soweit es die Dinge des Geistes betrifft! —

Alle geistige Weisheit schreitet dir entgegen im Rhythmus der Ewigkeit.

Alle letzten Dinge tragen kosmische Zahlen an der Stirnbinde, wenn sie im Gewande des Wortes erscheinen. — — —

Die da vermeinen, daß der „Sinn" eines „heiligen" Buches, — eines Buches, das ein

„Wissender" schrieb, — dir schon sein Letztes, Tiefstes und Un-erhörtestes enthülle, — — sie irren sehr ...

Mag dir der „Sinn" auch Tiefen des ewigen Grundes erhellen, — — die letzten Dinge, und ihr verborgenstes Geheimnis mußt du aus der Art, der Form, dem Klang, der Geltung der Worte „erfühlen" ...

Glaube nicht, daß es jemals auch nur einem, der „Rhythmus und Zahl" beherrschte, gleichgültig war, auf welche Weise er das Wort zu Worten stellte! — — —

Dichter mögen allein nach Schönheit streben, — Seher geben den Worten ewigen Klang! — — —

Der „Seher" ist auch dann noch zu erkennen, wenn er Dichter ist, und in dem Dichter kann der „Seher" nicht verborgen bleiben, ist er hinter Dichtungsworten im Versteck. — — —

Wenn du nun Worte erfühlen lernen willst, dann kann dir jedes Wort deiner Sprache zum Lehrer werden ...

Suche aber nicht nach „Bedeutung", wenn du diesen Weg beschreiten willst!

„Bedeutung" läßt sich nicht lange verhüllen, — sie will sich dir zeigen. — —

„Höre" in dir die Worte, von denen du lernen willst!

Du wirst alsbald sie „hören", als ob sie ein Anderer spräche, und das soll dir das erste Zeichen sein, daß du auf sicherem Wege bist, — das Sprechen der Worte selbst in dir vernehmen zu lernen, denn das Wort hat wahrhaftig die Kraft, sich selbst zu sprechen ...

Auch das Wort der Ewigkeit „erklärt" sich selbst, wenn du es „hören" lerntest, — in dir! — — —

So scharf auch dein Verstand „verstehen" kann, — du darfst ihn dennoch niemals in des Wortes Rede mischen. —

Du sollst das Wort der Ewigkeit in dir lebendig werden lassen, auf daß es so dir seine letzte Weisheit zeige...

Doch glaube nicht, ein Spiel zu treiben, dessen man sich freut am ersten Tage, und das man dann gelangweilt unterläßt! — —

Soll dir die Lehre wirklich nützen, dann mußt du jeden Tag beharrlich üben, bis dereinst der Tag erscheint, an dem das Wort in tiefsten Schauern sich selbst in dir erlebt...

Dann wirst du erst durch die Erfahrung wissen, was das Wort zu sagen hat! — — —

Dann werden sich dir viele Tore öffnen, vor denen du jetzt fragend, ohne Einlaß stehen magst. — —

Dann wirst du manches Buch „verstehen",
das heute dir noch dunkle Rätsel birgt. — —

Ich sage dir nicht zuviel...

Gehe zielsicher ans Werk!

Die Zeit ist diesem Werke günstig! — —

Du kannst vieles erlangen, wenn du ohne
zu fragen ein weniges wagen willst. — — —

Doch vergiß nicht: Du treibst kein
müßiges Spiel!

Nur deine stete Beharrlichkeit wird
dich zum Siege führen! — — —

Ein Ruf aus Himavat

Es geht eine Sehnsucht durch die Welt, — ein zehrendes Verlangen, — und eine jede Seele, die nicht gänzlich verhärtet und des Keimens unfähig geworden ist, fühlt sich ergriffen.

In Strömen heißen Menschenblutes versank jene müde Skepsis, die ehedem zum „guten Tone" zu gehören schien.

Man „darf" wieder an Dinge glauben, die nicht durch „Experimente" zu erweisen sind, und wird nicht mehr verlacht, wenn man zur Einsicht kam, daß Unsichtbares uns umgibt und auf uns einwirkt, auch wenn wir es noch nicht enträtselt haben...

Das „Wunder" will wieder Wirklichkeit werden, und das Reich des Glaubens weitet seine Grenzen.

Menschen, die, gleich seelischen Versteinerungen, regungslos blieben allem Geistigen gegenüber, wurden unter den dröhnenden Hammerschlägen wutverzerrter Dämonen zu wahrhaft „Lebendigen", und die Masse der träge Schlafenden ist bereits unruhig geworden. —

Jeder neue Tag darf ihr seelisches Erwachen näher glauben...

Die Erwachten aber werden Antwort heischen von denen, die sie so lange im Schlafe hielten, und sich verächtlich von jenen „Führern" wenden, die ihren Fragen frömmelnd „Grenzen" ziehen wollen, weil ihre eigene Antwortfähigkeit versagt. — —

Die Menschheit ist bereit geworden, endlich sich als Teil der Erde zu erkennen...

Sie mag nicht mehr von Wolkensitzen ihrer Götter träumen, und es naht der junge Tag, an dem sie, — wohl zum erstenmale,

— den Sinn der Worte in sich selbst empfinden wird, die einst ein Gottmensch zu ihr sprach:

„Das Reich der Himmel ist nahe herbei gekommen." — — —

Denen, die sich des Gesalbten „Diener" nennen, gefiel es jedoch, eine Mauer aufzurichten, — wie sie meinten: — „zum Schutze" derer, die nach des hohen Meisters Wort, das Reich der Himmel in sich selber tragen...

Menschen, die niemals das hier so klar verheißene „Reich" in sich erlangten, warfen sich auf Grund geglaubter Zaubervollmacht, die ihren Machtwahn vor dem eigenen Gewissen sanktionieren mußte, zu Beherrschern der Seelen ihrer Mitbrüder auf.

Sie verbauten ihnen das Tor des Himmels, wie es in ihnen selbst vermauert war, und schufen alles, was auf Wirkliches zielte, beflissen um, so daß nur Symbole und Formeln übrigblieben, bei denen sich vom Reich der Himmel träumen läßt, — denn sie wußten gar wohl, daß man ihrer nicht bedürfe, um das „Reich" zu finden.

Töricht sind alle, die da hoffen, die Mauer seelischer Einkerkerung würde doch dereinst dem Ansturm der Seelen weichen müssen!

Zu fest ist diese Mauer durch den Mörtel menschlicher Machtsucht in sich verbunden!

Zu viele werden auch jederzeit die Mauer um sich fühlen wollen, als daß sie jemals ihnen genommen werden dürfte. — —

Zu lange schon an Sklaverei gewöhnt, würden sie untergehen als Freie! —

Wohl werden sich im Laufe der Jahrtausende die Formeln und Symbole ändern, die vor der Mauer aufgerichtet sind, damit sie denen, die von ihr umschlossen wohnen, nicht als Kerkermauer zu Bewußtsein komme, — allein, die Mauer selbst wird bleiben, solange auf der Erde noch die Machtbegier im Menschen auf die Seelenangst im Nebenmenschen rechnen kann, — und an diesem Bollwerk, fest gefügt aus Drohung und Versprechen, zerschellt ein jeder, der es vor der Zeit von innen oder außen her durchbrechen möchte...

Aber es gibt eine Möglichkeit, ohne die Mauer zu durchbrechen, ihrem starren Zwang zu entrinnen...

Denen, die dem Erwachen nahe sind, werden Flügel wachsen, und sie werden sich hoch erheben über den Bannkreis der Mächte, die sie so gerne in Schlaf und Traum erhalten hätten...

Wir sehen die Zeit des Erwachens nahe!

An uns ist es, den Flug der zur Freiheit Erhobenen zu lenken, bis er die schneebedeckten, im Sonnenglanze erstrahlenden Höhen des „Himavat", — des „großen Gebirges", — erreicht. — — —

Es ist jedoch viele Hilfe nötig, denn es wird ein großes Erwachen kommen.

Wir wollen, daß auch kein einziger der Erhobenen sich verfliege und endlich todesmatt in einer Wüste niederfalle...

Wir selbst aber können nur den großen Flug des ganzen Zuges der Befreiten lenken, und die uns helfen wollen, sollen die Verflogenen suchen, damit sie nicht, von trügerischen Zielen geblendet, die Richtung des Fluges dauernd verlieren. — —

An alle, die selbstlos helfen wollen, ergeht der Ruf!

Wer uns in seinem Herzen sich verpflichten will, die Irrenden zurückzuleiten, der kann und darf uns Helfer sein.

Es ist jedoch nur weise, liebereiche Hilfe nötig, und keiner kann uns als Helfer dienen, der sich den Irrenden aufdrängt mit seiner Hilfe. — —

Auf rechte Weise helfen, heißt: dem Irrenden voranzufliegen, so daß er ohne Überredung, durch sein eigenes Erkennen, wieder seine rechte Richtung finde! —

Eure Hilfe mag wenig „zu sehen" sein, — aber ein jeder aus euch zahlt eine Schuld von Äonen her zurück, wenn auch nur eine Seele durch ihn zum Ziele geleitet wird. — — —

Ferne aber mögen uns alle bleiben, die mit Emphase ihre Hilfe anbieten um sich selbst dadurch in Wert und Rang vermeintlich über andere zu erheben!

Ferne mögen uns auch alle aufdringlichen Wichtigtuer bleiben!

Wer hier Helfer sein will, muß frei sein von jeder Selbstgefälligkeit!

Er muß seine Hilfe darbieten wo sie vonnöten ist, ohne von seiner Hilfeleistung zu reden ...

Wir wollen weder seinen Namen wissen, noch von seiner Hilfe hören!

Im Reiche des Geistes allein soll die hilfreiche Tat gewertet werden, und nur im Geistigen soll man den Helfer „kennen"!
— —

Eucharistie

Einmal wie tausendmal
schenkt sich der Eine,
der ewig Schenkende,
und bleibt doch immer
Sich Selber Besitz. —

Er ist nicht teilbar,
der Ewig Eine!

Wenn Er sich schenken will,
schenkt Er sich ganz. —
So oft Er auch immer
Sich Selbst verschenken mag,
so oft hat Er restlos
Sich Selber verschenkt
und bleibt doch
Sein eigen;
denn nicht nur einmal
besitzt der Eine,

der ewig Schenkende,
Sich Selbst. — —
Unendlichfach Einer
besitzt Er sich Selber
unendlichfältig. —

So wie Er einig ist
stets in sich Selber,
unendlichfältig
und doch stets Einer —,
so sind wir „Leuchtenden"
in Seinem „Lichte"
alle vereinigt:
als Vielheit nur Eins.

Großer Schenkender —,
des Lichtes Ursprung —,
Du selbst das „Licht"!
Du kennst keine „Sünde"
außer der einen:
Deines Willens,
der allzeit schenken will,
nicht achten.

Du willst nur
offene Hände;
empfangsbereite,
offene Herzen;
Hände,
die freudig nehmen;
Herzen,
die deine Gaben
willig empfangen.

Du gibst dem Einen
und gibst dem Andern
unendlichen Reichtum,
und Keinem mangelt
des Andern Geschenk.

Wer Dich erkannte,
Du Großer Schenkender,
der weiß nichts von Neid.
Mehr als er tragen kann,
hast Du zu schenken,
und niemals endet
Dein ewiger Reichtum. —

Wer nie genug hat
an Deinem Geschenke,
der ist Dir am liebsten —;
ihm schenkst Du
Dich selbst.

Du kannst ja schenken,
allen schenken,
und niemals
wirst Du ärmer sein
für Den,
der Dein Geschenk
verlangt. — — —

Ewiger!
Großer Schenkender!

Epilog

Vor nunmehr neun Jahren erschien „Das Buch vom lebendigen Gott" zum erstenmale im Druck und hat sich seit dieser Zeit zahllose Freunde, die dankbare Schüler seiner Lehren wurden, in aller Welt erworben.

Hier liegt nun der Neudruck vor, besorgt nach einer neuen Niederschrift.

Der Inhalt der ersten Fassung blieb unverändert.

Für vieles aber wurde neue Form der Darstellung gewählt, da sich allmählich zeigte, daß dieses oder jenes Wort der ersten Fassung eine Deutung zuließ, die ihm fernebleiben muß.

Anderes erwies sich mit der Zeit als allzuknapp umrissen, so daß die weitere Ausführung des Aufgezeigten angebracht erschien, — und endlich wurde jedes Wort erneuter Prüfung unterzogen, um jede Möglichkeit zu irrigem Verstehen auszuschließen.

Der innere Zusammenklang des Ganzen erheischte ferner eine Änderung der Reihenfolge der Kapitel, und eine Satzanordnung, die das Wesentliche einprägsamer für das Auge macht, da ich in allen meinen Schriften geistig zu dem Leser „spreche", und daher auf typographische Behelfe sinnen muß, die ihm den Klang der Rede innerlich erwecken können. —

Ich danke allen, die mir zeigten, was noch der Verdeutlichung bedürftig war, denn — anders wird ein Satz empfunden, kennt man das, was er besagen will aus eigener Erfahrung, als wenn das Mitgeteilte nacherlebend vorzustellen ist in einer Seele, der noch die Erfahrung mangelt.

Die aber glauben, ihren Scharfsinn aufbieten zu müssen, um in meinen Worten etwa „Widersprüche" zu entdecken, mögen lieber bedenken, daß doch auch mir wohl nicht entgangen sein dürfte, was ihnen als so gewichtiger Fund erscheint. — —

Heilsamer dürfte es für sie sein, das, was sie als „Widerspruch" empfinden, für sich selber aufzulösen, aus der Erwägung heraus, daß ich doch wahrlich meine Gründe dafür haben mußte, wenn ich zuweilen Worte stehen ließ, aus denen scheinbar Widersprechendes sich leichthin konstruieren läßt, solange man noch nicht erfaßt, was man erfassen sollte...

Ausdrücklich aber sei nun hier auch ausgesprochen, daß ich die neue Niederschrift, die hier gegeben ist, nunmehr der ersten Fassung dieses Buches übergeordnet sehen will, da diese neue Fassung sich zur früheren etwa verhält, wie ein in allen seinen Teilen ausgebauter Dom zu seinem Rohbau, dem noch die gemalten Fenster und die Statuen der Altäre fehlten...

So wird nun „Das Buch vom lebendigen Gott" in seiner vervollkommneten Form und neuen Gewandung gewiß auch allen denen noch Bereicherung zu bieten haben, die es längst schon in seiner ersten Fassung kennen.

Daß hier ein Buch gegeben wird, wie es die Welt in diesen Tagen wahrlich braucht, bezeugen heute dankbar viele Tausende, die durch seinen Inhalt Kraft und Hilfe fanden...

Segen, Licht und Gewißheit wird es Allen bringen, die es ohne Vor-Urteil zu lesen wissen, und in sich aufzunehmen willens sind!

Im Spätherbst 1927.

Bô Yin Râ.

Ende

Inhalt

	Seite
Geleitwort	5
„Die Hütte Gottes bei den Menschen"	13
Die „Weiße Loge"	29
Übersinnliche Erfahrung	41
Der Weg	63
En sôph	111
Vom Suchen nach Gott	121
Von Tat und Wirken	127
Von Heiligkeit und Sünde	133
Die „okkulte" Welt	143
Der verborgene Tempel	159
Karma	169
Krieg und Frieden	183
Die Einheit der Religionen	197
Der Wille zum Licht	209
Die hohen Kräfte des Erkennens	219
Vom Tode	233
Vom Geiste	247
Der Pfad der Vollendung	263
Vom ewigen Leben	281
Im Osten wohnt das Licht	291
Glaube, Talisman und Götterbild	307
Die Magie des Wortes	321
Ein Ruf aus Himavat	333
Eucharistie	343
Epilog	349

Das geistige Lehrwerk von Bô Yin Râ besteht aus folgenden Büchern:

1. Das Buch der Königlichen Kunst
2. Das Buch vom lebendigen Gott
3. Das Buch vom Jenseits
4. Das Buch vom Menschen
5. Das Buch vom Glück
6. Der Weg zu Gott
7. Das Buch der Liebe
8. Das Buch des Trostes
9. Das Buch der Gespräche
10. Das Geheimnis
11. Die Weisheit des Johannes
12. Wegweiser
13. Das Gespenst der Freiheit
14. Der Weg meiner Schüler
15. Das Mysterium von Golgatha
16. Kultmagie und Mythos
17. Der Sinn des Daseins
18. Mehr Licht
19. Das hohe Ziel
20. Auferstehung
21. Welten
22. Psalmen
23. Die Ehe
24. Das Gebet
24a. So sollt ihr beten

25. Geist und Form
26. Funken / Mantra Praxis
27. Worte des Lebens
28. Über dem Alltag
29. Ewige Wirklichkeit
30. Leben im Licht
31. Briefe an Einen und Viele
32. Hortus conclusus

Nicht zu dem geistigen Lehrwerk gehörig, wenn auch aufs engste daran anschliessend:

Kodizill zu meinem geistigen Lehrwerk / Marginalien / Über die Gottlosigkeit / Geistige Relationen / Mancherlei / Aus meiner Malerwerkstatt / Das Reich der Kunst / Okkulte Rätsel In eigener Sache

Flugschriften:

**Über meine Schriften
Warum ich meinen Namen führe**

Postum herausgegeben:

Nachlese
Prosa und Gedichte aus Zeitschriften

KOBERSCHE VERLAGSBUCHHANDLUNG AG
BERN

*In der Koberschen Verlagsbuchhandlung AG, Bern
erschienen ferner:*

Bô Yin Râ
Brevier aus seinem geistigen Lehrwerk
Zusammengestellt und eingeleitet von R. Schott
2. erweiterte Ausgabe

R. Schott
Bô Yin Râ. Leben und Werk
2. Ausgabe. Ungekürzte Fassung

R. Schott
Der Maler Bô Yin Râ
Mit zahlreichen Abbildungen. 2. erneuerte Ausgabe

R. Schott
Symbolform und Wirklichkeit in den Bildern des Malers Bô Yin Râ
Vortrag. 2. ergänzte Ausgabe

Flugschriften von Dr. A. Kober-Staehelin:

Meine Stellung zu Bô Yin Râ
Weshalb Bô Yin Râ?

KOBERSCHE VERLAGSBUCHHANDLUNG AG, 3001 BERN

Übersetzungen der Bücher von Bô Yin Râ:

Französische Übersetzungen:
Librairie de Médicis, Paris VIe

Holländische Übersetzungen:
De Driehoek Uitgevers, Amsterdam

Schwedische Übersetzungen:
Widings Förlags A. B., Bromma

Englische Übersetzungen:
The Kober Press, San Francisco Ca., USA

Auskünfte betreffend Übersetzungen erteilt die
KOBERSCHE VERLAGSBUCHHANDLUNG AG, 3001 BERN

DIE KOBERSCHE VERLAGSBUCHHANDLUNG AG BERN
besitzt die Verlagsrechte sämtlicher Schriften des Autors Bô Yin Râ.
Seine Bücher sind durch den Buchhandel zu beziehen.
Gesamtprospekt und Auskünfte durch den Verlag.